Das Liebes-Tarot

Das Liebes-Tarot

Liz Dean

Aus dem
Englischen von
Eva Lepold

nymphenburger

Die Originalausgabe erschien 2005 unter dem Titel
„The Love Tarot" bei Cico Books, London.

Designed by David Fordham
Illustrations by Oliver Burston

Produktionsbetreuung: Print Company Verlagsges.m.b.H.,
Gumpendorfer Str. 41, A-1060 Wien

Printed in Malaysia

Besuchen Sie uns im Internet unter:
www.nymphenburger-verlag.de

ISBN 3-485-01055-3

Inhalt

III Die Kaiserin

VII Der Wagen

X Das Glücksrad

II Die Hohepriesterin

III Die Kaiserin

VII Der Wagen

X Das Glücksrad

XVI Der Turm

I Der Magier

Einleitung

FALLS SIE MEHR ÜBER DIE LIEBE wissen wollen und dazu ein Standard-Tarot-Kartendeck verwenden, können die Karten recht verwirrend sein. Abgesehen von der Karte „Die Liebenden", die in dem Bond-Film *Leben und sterben lassen* aus dem Jahr 1973 von der Leidenschaft zwischen der Kartenleserin Solitaire und James Bond kündete, beziehen sich keine anderen Karten visuell so direkt auf die Liebe. Wie sollen wir den Mond, das Gericht oder die Gerechtigkeit deuten? Solche Karten im Licht der Liebe zu interpretieren verlangt, die Vorstellungskraft zu erweitern und einen Schritt von der ursprünglichen Bedeutung einer Karte wegzugehen. Sogar der Sammelbegriff „Arkana", welcher die Standard-Karten in ein großes und ein kleines Arkanum einteilt, bedeutet „Geheimnis".

DAS LIEBES-TAROT ENTHÜLLT die Botschaften der Liebe – ob familiär, platonisch, leidenschaftlich oder romantisch –, die jeder Karte innewohnen, und wurde daher nur in Hinblick auf die Liebe geschrieben. Am wichtigsten ist jedoch, dass der Vorgang des Kartenlegens und die zyklische Reise, die das Tarot bietet, an sich schon Selbstliebe ausdrücken. Wenn Sie die Karten befragen, geben Sie Ihren Gefühlen Raum und entwickeln damit eine Haltung von Selbstrespekt, die all Ihren Beziehungen zugute kommen wird.

VERLIEBT ODER NICHT – ODER IRGENDWO DAZWISCHEN

Ihre Wünsche und Fragen an das Tarot werden sich nach Ihrer gegenwärtigen Situation richten, daher besitzt jede Karte eine Interpretation für diejenigen, die gerade verliebt sind, und für jene, die nach Liebe suchen.

In einer Beziehung: Vielleicht wünschen Sie Einsicht darüber, wie Ihre Liebe in spiritueller oder sogar, im wahrsten Sinne des Wortes, in familiärer Hinsicht wachsen könnte. Eventuell möchten Sie Ihre Karten befragen, da Sie eine bestehende Beziehung in Zweifel ziehen und Rat hinsichtlich Ihrer Zukunft suchen.
Auf Liebessuche: Vielleicht wünschen Sie sich von ganzem Herzen eine Beziehung oder Sie werden gerade umworben, in jedem Fall kann Ihnen das Liebes-Tarot helfen, Ihre wahren Bedürfnisse zu erkennen, und Ihnen Wege aufzeigen, die Sie zur Erfüllung allein oder mit einem Partner einschlagen können.

Die dritte Kategorie betrifft Beziehungen ohne allzu fixe Bindung. Vielleicht sind Sie gerade in einer Beziehung, die offiziell schon beendet wurde, jedoch sind Sie beide noch voneinander abhängig. Sie könnten auch in eine Affäre verwickelt sein, in der einer von Ihnen an jemand anderen gebunden ist, oder Sie stehen gerade vor einer neuen Verbindung. Sollte irgendetwas davon auf Sie zutreffen, lesen Sie beide Deutungen.

Selbstverständlich enthält dieses Kartendeck nicht alle Antworten. Die Karten zeigen Ihnen Szenarios und Lösungen, doch der Entschluss zu handeln liegt allein bei Ihnen. Sie können das Wesen Ihres oder Ihrer Geliebten und das Ausmaß der Liebe, die Sie teilen, weissagen, doch Ihr Schicksal liegt in Ihren Händen.

PERSON ODER SITUATION?

EINE DER SCHWIERIGKEITEN der Deutung des Tarots in Bezug auf die Liebe liegt darin, zu wissen, ob die Karten eine Person oder eine Situation repräsentieren. Beides kann der Fall und daher verwirrend sein. Sie können die Legeweise „Den Partner erkennen" (siehe Seite 32) anwenden, bei der die ersten zehn Karten Menschen und der Rest Einsichten zu Ihrer Liebessituation darstellen.

DAS KARTENDECK

DIESES LIEBES-TAROT besteht aus den 22 Karten des Großen Arkanum, den Trümpfen oder Kraftkarten, die traditionell von 0 (Der Narr) bis XXI (Die Welt) nummeriert sind. Es umfasst noch drei zusätzliche Karten: Glaube, Hoffnung und Liebe. Dies sind die „verlorenen" Karten, die in den ersten Tarotsets, welche im 15. Jahrhundert serienweise in Italien gemalt wurden, vorkamen.

Glaube, Hoffnung und Liebe wurden nicht in die modernen Decks aufgenommen, da ihre Merkmale in andere Karten integriert wurden (siehe Seite 11). Diese Dreifaltigkeit des Originals erscheint im Liebes-Tarot, da diese Werte allen Beziehungen innewohnen. Glaube, Hoffnung und Liebe wurden nur zur leichteren Zuordnung mit XXII, XXIII und XXIV nummeriert. Insgesamt dient dieses Kartendeck, welches von dem Künstler Oliver Burston gestaltet wurde, ausschließlich zum Erkennen und Weissagen der Liebe.

Die Aussagekraft der Karten

Familiäre Liebe
Die Kaiserin, Der Kaiser,
Die Sonne, Liebe

Geheime Liebe
Der Teufel, Die Hohepriesterin

Ehe
Der Hohepriester

Beziehungsende
Tod, Der Turm, Gerechtigkeit

Entscheidung
Die Liebenden, Der Mond, Das Gericht, Der Gehängte, Der Teufel

Erfolg und Inspiration
Die Welt, Der Stern, Der Magier

Liebesprüfung
Stärke, Glaube, Hoffnung, Mäßigkeit, Der Teufel, Die Liebenden

Liebesverlauf
Der Wagen, Der Eremit, Der Narr, Das Glücksrad

Romantischer Ursprung

Und glaube nicht, du kannst den Lauf der Liebe lenken,
denn die Liebe, wenn sie dich für würdig hält, lenkt deinen Lauf.

KAHLIL GIBRAN

DIE ERSTEN LIEBENDEN DES TAROTS

BEI HISTORISCHEN NACHFORSCHUNGEN fand man heraus, dass eines der ersten Tarots, eine Reihe von wundervollen Miniaturbildern, als Andenken an eine königliche Eheschließung gemalt wurde. 1441 vereinigten sich zwei der mächtigsten Familien Norditaliens durch die Heirat von Bianca-Maria Visconti, Tochter des Fürsten von Mailand, und Francesco Sforza in der Kirche des heiligen Sigismund in Cremona. Der Bräutigam war 40 Jahre alt, die Braut kaum 17. Bianca-Maria wurde Francesco schon mit acht Jahren versprochen und die Gewinn bringende Verbindung der beiden Familien feierlich begangen. Wahrscheinlich sind die Liebenden auf dieser frühen Kartenversion Bianca-Maria und Francesco.

WEIBLICHE TUGENDEN

GLAUBE, HOFFNUNG UND LIEBE finden sich im Visconti-Sforza-Tarot, in einem Deck, das Cary-Yale Visconti-Sforza genannt wird, da die noch erhaltenen Karten dieses Decks heute im Besitz der Beinecke Bibliothek für seltene Bücher und Handschriften der Yale Universität in Connecticut sind. Diese drei Karten sind nicht Teil der üblichen Tarotsets. Einer Theorie zufolge wurden die Karten Glaube, Hoffnung und Liebe während der Entwicklung des Tarots innerhalb der letzten 600 Jahre überflüssig, da ihre Bedeutung in anderen Karten ausgedrückt wird. Hoffnung wird oft mit dem Stern als Karte der Inspiration, Kreativität und Bestätigung assoziiert. Glaube wird durch die Hohepriesterin oder den Hohepriester ausgedrückt und Liebe wahrscheinlich durch die Mäßigkeit verdrängt, da der katholische Katechismus besagt: „Die Tugend der Keuschheit fällt unter die Kardinaltugend der *Mäßigkeit*, die die Leidenschaften und Gelüste der Sinne mit Vernunft zu durchdringen sucht."

GÖTTINNEN DER LIEBE

DIE RÖMISCHE LIEBESGÖTTIN Venus, in der griechischen Mythologie Aphrodite genannt, erschien einst in einem Tarot unter ihrem eigenen Namen. Im Mantegna-Tarot von 1470 ist Venus die Karte XXXXIII. Ihre Rolle entspricht jedoch der Karte der Liebenden. Die Göttin badet gerade in einem Fluss, als ihr Sohn Cupido mit einem Liebespfeil auf eine Maid am anderen Ufer zielt, die von Tauben, einem heiligen Symbol der Venus, umschwärmt wird. Venus erscheint im Standard- und Liebes-Tarot auch in der Verkleidung von Karte II und III – der Hohepriesterin und der Kaiserin oder Mutter, die gemeinsam die weibliche Seele symbolisieren. Auch Isis, die ägyptische Göttin der Liebe und Magie, und Freya, die nordische Liebesgöttin, werden mit diesen Karten assoziiert (siehe Seite 23). Sind Sie weiblich und ziehen die Hohepriesterin oder Kaiserin beim Kartenlegen, prophezeien diese Erfüllung. Liegt die Hohepriesterin auf der Position der Gegenwart oder Zukunft, heißt dies, dass dieses Kartenlegen besondere Tiefe und Bedeutung hat.

Symbole der Liebe

Im Liebes-Tarot symbolisierten Früchte Fruchtbarkeit. Daher sind sie ein spezielles Symbol für Weiblichkeit, die auf den betont weiblichen Karten des Decks, den Karten II und III, der Hohepriesterin und der Kaiserin (siehe Seite 17–18), vorkommen. Nach der griechischen Mythologie werden die Kaiserin mit der Fruchtbarkeitsgöttin Demeter und die Hohepriesterin mit ihrer Tochter Persephone, der Herrscherin der Unterwelt, assoziiert.

Granatapfel

Der Granatapfel, Symbol der Hohepriesterin, ist Persephone und anderen jungfräulichen Göttinnen geweiht. Persephone aß von Granatapfelsamen, die ihr ihr Gatte Hades gab. Dieses Ritual verpflichtete sie, ein Drittel des Jahres mit ihm in der Unterwelt und die restlichen zwei Drittel auf der Erde mit ihrer Mutter Demeter zu verbringen. Persephone wandelt wie die Hohepriesterin zwischen der irdischen und der mystischen Welt.

Apfel

Der Apfel wird mit Venus assoziiert und erscheint auf Karte VI, den Liebenden, und III, der Kaiserin. Er bedeutet Liebe, Fruchtbarkeit und Begehren. Teilt man den Apfel, erhält man einen Stern mit fünf Zacken – die Zahl der Venus. Im Volksmund stehen Äpfel oft für Unsterblichkeit. Sie wurden auch in der Liebesmagie eingesetzt: Man schälte einen Apfel in einem Zug und warf die Schale über die linke Schulter – diese zeigte den Anfangsbuchstaben des zukünftigen Gatten. Äpfel an einem Zweig verheißen eine wachsende Familie.

ROSE

DIE ROSE erscheint auf Karte IV, den Liebenden, und symbolisiert wahre Liebe, Wiedergeburt und das Verborgene. Es scheint, als hätten Rosen seit dem frühen 19. Jahrhundert eine geheime Sprache entwickelt, die teils bis heute besteht – rote Rosen für Liebe, gelbe für Freundschaft und weiße für Reinheit. Viele mittelalterliche Mystiker, die für ihren häretischen Glauben verfolgt wurden, griffen auf die Symbolik der Rose als Geheimcode zurück, um ihren kollektiven Wunsch nach Einheit mit der göttlichen Liebe auszudrücken. Das Rosenkreuz war Zeichen der Rosenkreuzer, eines Geheimordens, der glaubte, Nachkommen Jesu seien durch Maria Magdalena, deren Symbol die Rose ist, nach Frankreich gebracht worden.

LILIE

DIE LILIE auf der Karte der Hohepriesterin drückt reine Liebe aus. Auf der Karte 0, dem Narren, zeigt sie dessen Unschuld. Es heißt, die Lilie sei aus Tropfen der Muttermilch Heras, der griechischen Göttin der Ehe und Geburt, entstanden. Sie kann für Keuschheit stehen. Genauso wie die Hohepriesterin eine Botschaft über ein Liebesgeheimnis enthält, zeigen Gemälde der Verkündigung Gabriel mit Lilien, als er der Jungfrau Maria die Geburt Jesu prophezeit.

IRIS

DIE IRIS erscheint auf der Karte der Mäßigkeit, Karte XIV. Iris war die griechische Göttin des Regenbogens. In der Blumensprache annonciert die Iris eine Nachricht,

vielleicht weil Iris, wie Hermes, eine Götterbotin war. In der viktorianischen Poesie signalisiert die Iris eine geheime Botschaft. Die Bourbonlilie, eine stilisierte Iris, war Symbol des französischen Adels.

SONNENBLUME

SONNENBLUMEN erscheinen auf Karte XIX, der Sonne, und verkörpern die Energie, Wärme und nährende Kraft dieser Himmelssphäre. Sonnenblumen(Helianthus) wurden nach dem griechischen Sonnengott Helios benannt und ihre Samen wurden in magischen Ritualen verwendet.

SCHLANGE

DIE SCHLANGE erscheint auf Karte IX, dem Eremit. Sie ist ein Symbol der Weisheit. Ihre Form gleicht dem Caducäus, einem alten Emblem für Heilung, das der Helix der DNA ähnelt.

KREBS

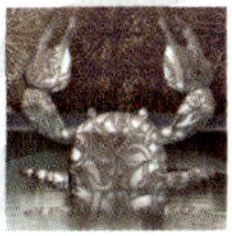

DER KREBS auf Karte XVIII, dem Mond, ist primitiv und instinktiv und repräsentiert die Seele.

PFERD

DAS PFERD erscheint auf Karte VII, dem Wagen. Die zwei gezügelten Pferde symbolisieren die sexuelle Triebkraft und die Beherrschung der Libido.

LÖWE

DER LÖWE auf der Karte XI, Stärke, steht für Herrschaft, Mut und Kraft in der Liebe. Tiere im Tarot deuten meist auf den Instinkt hin. So kann der Löwe einen leidenschaftlichen Konflikt enthüllen.

Hund

Der Hund, der auf Karte 0, dem Narren, erscheint, symbolisiert den Überlebensinstinkt und, speziell auf dieser Karte, das nagende Gewissen, da er um die Aufmerksamkeit seines Herrn bettelt. Auf der Karte XXII, Glaube, ist der Hund gezähmt und steht für Treue in der Liebe.

Wolf

Der Wolf erscheint auf Karte XVIII, dem Mond. Wie der Hund symbolisiert er den Überlebensinstinkt, doch als dessen wilder Vorfahre wird er mit dem Mond und damit mit der dunkleren Seite der Persönlichkeit verbunden und teils mit Sexualität und der Furcht davor assoziiert.

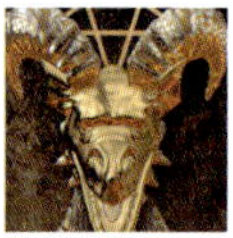

Ziege

Die Ziege auf Karte XV, dem Teufel, wird mit Pan, dem griechischen Hirtengott assoziiert, von dessen Namen das Wort „Panik“ kommt. Die Ziege symbolisiert Lust und ein moralisches Dilemma.

Pelikan

Der Pelikan erscheint auf der Karte XXIV, der Karte der Liebe. Laut Legende ritzt der Pelikan seine Brust auf, um seine Jungen mit dem eigenen Blut zu nähren – die absolute Aufopferung der Mutter. Er ist ein Symbol Christi, der Nächstenliebe und Selbstaufopferung bringt.

Adler

Der Adler auf Karte III, der Kaiserin, und Karte IV, dem Kaiser, steht für männliche, väterliche Macht. Er erscheint auch als Symbol eines christlichen Evangelisten auf Karte X, dem Glücksrad, und Karte XXI, der Welt.

Spiegel von Liebe und Schicksal

Dieses Tarot dient neben dem Weissagen auch als Spiegel Ihrer selbst und als Reflexionswerkzeug, um nach der Liebe Ausschau zu halten und darüber nachzusinnen. Dafür teilen Sie das Deck: Die Karten 0–IX stehen für Ihr äußeres Selbst, Ihre Persönlichkeit und Ihr Handeln in der Welt. Die Karten X–XXIV spiegeln Ihr inneres Selbst oder Ihre Hoffnungen, Stärken und Träume und aus diesem inneren Kern lassen sich Lösungen und Folgen für die Liebe ablesen. Sie können den Spiegel für tägliche Affirmationen (siehe Seite 19) und in folgenden Legeweisen anwenden: „Ein Liebesmärchen" (Seite 31), „Den Partner erkennen" (Seite 32), „Lilien-Tarot" (Seite 35) und „Liebesdreieck der Venus" (Seite 42).

Die Karten 0–IX: Das Wesen der Liebe

0 Der Narr, I Der Magier, II Die Hohepriesterin, III Die Kaiserin, IV Der Kaiser, V Der Hohepriester, VI Die Liebenden, VII Der Wagen, VIII Gerechtigkeit, IX Der Eremit

Die ersten zehn Karten des Liebes-Tarots können dazu dienen, Menschen zu repräsentieren. Sie können sich auf Hauptpersonen in Ihrem ganz persönlichen Lebensdrama beziehen oder einen Aspekt Ihrer Persönlichkeit offenbaren. Diese zehn Karten erzählen die Geschichte des ersten Lebensabschnitts. Der Stapel beginnt mit 0, dem Narren, der nur kindliches Staunen zeigt, und endet mit der Karte IX, dem Eremiten, der durch das Leben Weisheit und die Fähigkeit zur Selbstheilung erlangt hat. Doch gerade dann, wenn wir meinen, wir wüssten genug, um unser Dasein zu steuern, dreht sich das Glücksrad und führt uns auf eine zweite Reise zu unseren inneren Werten, Zweifeln und Sehnsüchten.

DIE KARTEN X–XXIV: INNERE WÜNSCHE UND SCHICKSAL

X DAS GLÜCKSRAD, XI STÄRKE, XII DER GEHÄNGTE, XIII TOD, XIV MÄSSIGKEIT, XV DER TEUFEL, XVI DER TURM, XVII DER STERN, XVIII DER MOND, XIX DIE SONNE, XX DAS GERICHT, XXI DIE WELT, XXII GLAUBE, XXIII HOFFNUNG, XXIV LIEBE

BEGINNEND MIT DEM Glücksrad offenbaren die nächsten 15 Karten Ihre innere Geschichte. Sie helfen Ihnen herauszufinden, was in Ihrem Herzen vorgeht und was die Zukunft für Sie bereithält. Dazu gehören die traditionellen Tugenden Glaube, Hoffnung, Liebe, Stärke und Mäßigkeit, die nach Auseinandersetzung verlangen; der Gehängte, der Teufel, Tod und der Turm – allesamt Belastungstests – und die drei kosmischen Karten, die uns in der Liebe leiten: die Sonne, der Mond und der Stern. Das Gericht ist die Karte des Selbst, die Chance, aus der Vergangenheit zu lernen, und die Karte die Welt bedeutet vollkommene Erfüllung.

DIE BEDEUTUNG DER DREIFALTIGKEIT DER LIEBE

Die Karten XXII, XXIII und XXIV, Glaube, Hoffnung und Liebe, erscheinen hier historisch authentisch (siehe Seite 9), da sie ein mächtiges Maß in Herzensdingen darstellen: Glaube steht für Bindung und Treue, Hoffnung für den Glauben an die Rückkehr der Liebe und Liebe für bedingungslos Liebe. Sie besitzen die Kraft reiner Liebe und bringen Inspiration. Sind die sie umgebenden Karten düster, trösten Sie sich, Glaube, Hoffnung oder Liebe verbessern die Lage. Sie werden trotz der Prüfungen des Lebens oder einer Beziehung stark bleiben.

Die Bedeutung der drei Karten ist eng miteinander verwoben. Die Liebe des Glaubens ist spirituell und irdisch und verspricht eine treue Verbindung. Hoffnung glaubt völlig an die Liebe und bringt so deren Rückkehr. Die Liebe baut auf Glauben und Hoffnung auf und wird mit Partnern, Freunden und Familie geteilt, sodass sie sich auf eine ganze Gemeinschaft ausweitet.

TÄGLICHE AFFIRMATIONEN

Teilen Sie die Karten in zwei Stapel: 0–IX and X–XXIV. Legen Sie diese verdeckt im Fächer auf. Ziehen Sie mit der linken Hand eine Karte aus dem ersten Stapel, dann eine aus dem zweiten Stapel. Die erste Karte offenbart die vorherrschende Energie oder Persönlichkeit für den jeweiligen Tag. Diese könnte z. B. dem leidenschaftlichen Wagen oder der ruhigen Weisheit der Hohepriesterin entsprechen. Die zweite Karte enthüllt Ihre innere Wahrheit und Ihre Wünsche.

Das Legen des Liebes-Tarots

Das Herz sieht immer, bevor der Kopf zu sehen vermag.

THOMAS CARLYLE

DAS LEGEN des Liebes-Tarots, sei es für sich selbst oder für eine andere Person, gehört zu den schönsten Dingen, die Sie machen können, da Sie dabei Ihrem Herzen und Ihren Gefühlen Aufmerksamkeit schenken. Indem Sie den Feinheiten und der Tiefe Ihrer Gefühle erlauben, an die Oberfläche zu dringen, können Sie unsichtbare Bahnen zu Ihrer Intuition erschließen. Sobald Sie sich Ihren natürlichen, intuitiven Fähigkeiten öffnen, wird das Legen der Karten an Genauigkeit und Bedeutung gewinnen. Neben dem Weissagen Ihrer Zukunft in der Liebe mittels der Legeweise auf Seite 38 werden Sie vielleicht zusätzlich den meditativen Nutzen des Kartenlegens spüren, der Ihnen dabei helfen kann, ein Liebesdilemma zu entwirren. Die Karten wirken als mentale Anker, um Licht auf nicht greifbare Gefühle zu werfen.

AUFRECHTE BEDEUTUNG

UMGEKEHRTE BEDEUTUNG

Hier werden Wege gezeigt, wie Sie am meisten vom Kartenlegen profitieren – von der Wahl des richtigen Zeitpunkts über den Einsatz von Räucherwerk, Kerzen und sogar Schlaf. Die mächtigste Methode ist jedoch eine bewusste Einstellung. Lassen Sie nicht Ihre Erwartungen an die Liebe oder den möglichen Partner in das Mischen, Legen und Deuten der Karten hineinspielen. Fragen Sie sich selbst, ob Sie noch an negativen Erfahrungen vergangener Beziehungen festhalten, da diese das Kartenlesen unterschwellig beeinflussen können. Viele Karten in umgekehrter Lage (siehe Seite 27) weisen oft eher auf die Ängste einer Person als auf die Realität hin. Eine pessimistische Zukunftssicht hat allerdings selbsterfüllende Kraft. Prüfen Sie daher, bevor Sie beginnen, Ihre wahren Gefühle, damit Sie die Probleme erkennen, die Ihre Fähigkeit, sich selbst die Karten zu legen, beeinträchtigen könnten.

Ganz egal wie Ihre Lebenslage ist, ob Sie als Single oder in einer Partnerschaft leben, es ist immer wichtig, dass Sie sich selbst lieben. Machen Sie das Ritual des Kartenlegens zu einem Vergnügen – einem Ritual der Selbstachtung.

Einstimmung auf die Karten

Je mehr Sie mit Ihren Liebes-Tarotkarten arbeiten und mit deren Symbolik und Bedeutung vertraut werden, desto einfacher wird es für Sie, für sich selbst oder jemand anderen die Karten zu legen. Mit der Zeit nehmen die Tarotkarten die Energie eines Menschen auf. Dies ist der Grund, warum viele Kartenleger nur mit einem Deck arbeiten, obwohl sie mehrere besitzen. Alles, was was Sie tun müssen, um sich an ein neues Kartendeck zu gewöhnen, ist, dieses zu berühren. Durch die Berührung werden Sie den Karten Ihre Gedanken, Gefühle, Träume und Sehnsüchte einflößen. Je mehr Sie mit den Karten in Kontakt stehen, desto schneller werden Sie sich auf diese vor dem Kartenlegen einstellen. Berühren Sie die Karten eines neuen Decks täglich oder alle paar Tage, um eine Verbindung zu ihnen aufzubauen.

TAROT UND TRÄUME

Sie können sich das Liebes-Tarot in den ersten zwei Wochen unter das Kopfkissen legen, damit die Karten während des Schlafs von Ihren unterbewussten Gedanken durchdrungen werden. Im Tarot spielt das Unterbewusste eine wichtige Rolle, da wir in unseren Träumen Zugang zu Archetypen haben. Diese Gedankenformen oder „ursprünglichen Bilder, spontane Produkte der Psyche", die der Psychologe Carl Jung erkannte, tauchen auch im Tarot auf: der alte Weise als Eremit; die Mutter oder Gaia in Gestalt der Kaiserin, das göttliche Paar als Syzygium oder die Liebenden; der Teufel als Schatten und einige mehr. Man glaubt, dass die Archetypen aus dem kollektiven Unbewussten kommen. Folglich verbinden diese uns mittels der Träume und des Tarots mit der gesamten Menschheit und lassen uns so mit dem Universum eins werden. Schenken Sie Ihren Träumen Beachtung. Das Tarot funktioniert wie die Träume als Bilderbuch, das uns besondere Weisheit eher durch Symbole als durch Worte offenbart. Schreiben Sie Ihre Träume und das Ergebnis des Kartenlegens nieder, um mit diesem intuitiven Teil Ihres Wesens verbunden zu bleiben.

Wenn Sie Ihre Karten nicht benützen, hüllen Sie sie in ein dunkles Tuch, am besten aus Seide. Sie könnten Lila wählen, das Spiritualität, oder ein tiefes Rot, das die Leidenschaft betont.

Der richtige Zeitpunkt

DIE TAGE

Freitag ist der Venus, der römischen Göttin der Liebe, geweiht, daher eignet er sich wunderbar dazu, ein Liebes-Tarot zu legen. Für die Griechen war sie Aphrodite, die aus einer Muschel aus dem Schaum des Ägäischen Meers entstieg, und in der nordischen Sagenwelt Freya, die Liebes- und Fruchtbarkeitsgöttin, deren Namen wir mit jedem Freitag huldigen. Venus war die Tochter Jupiters, das Pendant zum nordischen Thor, dem der Donnerstag geweiht ist und der diesen Tag sicher zu einem kraftvollen Tag für das Kartenlegen macht. Mittwoch wird vom kommunikativen Merkur bzw. dem nordischen Göttervater Wotan oder Odin regiert und ist daher ideal für Botschaften. Den Dienstag beherrscht der kriegerische Mars, sein Name geht jedoch auf Tyr, Odins Sohn, Gott des Krieges und des Rechts, zurück. Montag ist der Tag der Diana, Beschützerin der Frauen, und der griechischen Mondgöttin Selene. Der Mond ist der Planet dieses Tages und steht für erleuchtende Weiblichkeit, Intuition und Fruchtbarkeit. Samstag wird vom strengen Saturn beherrscht, dem Selbstdisziplin und kalte Realität nachgesagt wird. Der Sonntag als Tag der Sonne ist mit Spiritualität verbunden und Apollo, dem griechisch-römischen Gott des Lichts und der Heilkunst, sowie Lugh, dem keltischen Gott der Künste einschließlich der Heilkunst, der Weissagung und Magie, geweiht.

Obwohl es keinen schlechten Tag für das Kartenlegen gibt, möchten Sie vielleicht diese traditionellen Zuordnungen der Wochentage miteinbeziehen.

Die Wochentage

SONNTAG: SONNE
Fragen zu Veränderungen in der Sphäre Ihrer Zuneigung und zur Heilung Ihres Herzens.

MONTAG: MOND
Fragen zu Fruchtbarkeit, Kindern und Geheimnissen, die es zu entdecken gilt.

DIENSTAG: TYR
Fragen über Sex und Versöhnung.

MITTWOCH: WOTAN
Fragen zur Kommunikation in einer Beziehung.

DONNERSTAG: THOR
Bitte um Rat in einem Liebesdilemma.

FREITAG: FREYA
Herzensfragen zu Liebe, inneren Werten und Einstellungen.

SAMSTAG: SATURN
Fragen zu Weisheit, Fairness und Ehrlichkeit in der Liebe.

Einen anderen Menschen zu lieben ist, Gottes Angesicht zu erblicken.

VICTOR HUGO

DER MONDZYKLUS

WENN SIE VORHABEN die Karten zu legen, sollten Sie auch die Mondphasen berücksichtigen. Neumond oder zunehmender Mond ist die richtige Zeit, danach zu fragen, was Sie in Ihrem Leben verändern wollen. Wenn der Mond abnimmt, sind Impulse, die Neues in der Liebe verheißen, weniger wahrscheinlich – alte Lieben und Glaubenssätze lassen sich jedoch leichter loslassen. Seien Sie sich daher beim Kartenlegen bewusst, dass Sie bei abnehmendem Mond mehr Klarheit über Vergangenes und bei Neu- und Vollmond sowie zunehmendem Mond mehr Einsicht in Zukünftiges bekommen können.

Sie werden jedoch selbst spüren, wann für Sie der richtige Moment gekommen ist. Unabhängig von einem günstigen Zeitpunkt wollen es die Umstände manchmal anders. Eine intensive Auseinandersetzung mit einem Freund oder dem Partner, ein Kommentar von einem Fremden oder ein besonders luzider Traum könnten Ihre Sinne derartig erweitern, dass Sie sich stark von Ihren Karten angezogen fühlen – und beim Tarot sollten Sie sich eher auf Ihre Intuition als auf den Kalender verlassen.

Oh wunderbare Venus, Göttin
der Liebe, Schönheit und
des Genusses.
Wir verehren dich als
die Schönste, Liebreizendste
und Begehrenswerteste!
Du bist die wandelnde Schönheit.

HYMNE AN APHRODITE, HOMER

Der Umgang mit schwierigen Karten

Berühren Sie vor dem ersten Kartenlegen alle Karten. Wenn Sie ein Tarot zum ersten Mal verwenden, werden Sie sich ganz natürlich von einigen Karten mehr oder weniger angezogen fühlen. Nehmen Sie die Karten heraus, die Sie beim Legen nicht dabei haben möchten und decken Sie sie vor sich auf. Das heißt nicht, dass deren Botschaft jetzt in irgendeiner Weise auf Sie zutrifft oder Sie damit eine unangenehme Verbindung zu diesen Karten aufgebaut haben. Es heißt nur, dass Sie die Angst vor diesen Karten verlieren, indem Sie diese als „schwierig" anerkennen. Diese haben dann keine Macht über Sie, wenn sie tatsächlich beim Kartenlegen auftauchen. Man kann sich nämlich derartig auf eine „negative" Karte versteifen, dass sie die Sicht auf alle anderen Karten trübt.

Die Karten, die auf den ersten Blick meist Ablehnung ernten, sind der Tod, der Turm und der Teufel. Betrachten Sie die Bilder auf den Karten eingehend und und lesen Sie die Interpretationen in diesem Buch. Die Karte mit dem Teufel zeigt Versuchung und Entscheidung an, so wie die Karte VI, die Liebenden. Der Tod bedeutet Abschluss und Veränderung und prophezeit oft das Ende einer Beziehung oder eines Lebensabschnitts. Diese Karte erscheint oft, wenn Sie zur Trennung bereit sind – manche fühlen sich dann sogar erleichtert, vor allem, wenn sie schon einige Zeit in einer unbefriedigenden Beziehung festgesteckt sind. Der Turm, anders als der Tod, bedeutet einen Gottesakt, der unabhängig davon, ob sie dafür bereit sind, eintritt. Es gibt jedoch nichts, was Sie angesichts des Desasters tun könnten, und daher gibt es auch keine Verantwortung und Schuld. Sowohl der Tod als auch der Turm geben Ihnen die Chance, negative Verhaltensmuster und Vergangenes hinter sich zu lassen und neu zu beginnen. Sie sollten beim Tarotlegen auf mehreren Ebenen denken. Der Tod kann anzeigen, dass Sie sich, nach einer Zeit des Rückgangs, neu erfinden. Der Turm bedeutet eher den Zusammenbruch und die Neuordnung von Werten als den offenen Krieg. Lassen Sie sich von den benachbarten Karten und dem Lauf Ihrer Intuition leiten.

Karten in umgekehrter Lage

Beim Mischen der Karten wird Ihnen auffallen, dass sich manche ganz einfach umdrehen. Das klingt unwahrscheinlich, doch es passiert und viele Menschen sind nach dem Mischen erstaunt, dass sich umgekehrte Karten in ihrem Set befinden. Sollten fast nur umgekehrte Karten auftauchen, wurde das Deck offenbar verkehrt herum gemischt. Mischen Sie es in diesem Fall in aufrechter Lage neu. Sie werden bemerken, dass Karten in umgekehrter Lage generell jegliche negative Bedeutung der aufrechten Karte multiplizieren. Der Narr gilt in aufrechter Position als unschuldiger, kindlicher Träumer und gerät in umgekehrter Lage zum archetypischen Idioten mit der Konnotation des schlimmen Kindes, das nicht auf andere hört. Obwohl umgekehrte Karten oft die Verzögerung einer Situation und einen Mangel an Klarheit offenlegen, sind ihre Botschaften klar und sprechen einen deutlichen Rat oder eine Warnung aus. Bedenken Sie dabei auch Ihre gegenwärtige Haltung. Lesen Sie sowohl die Deutung der Karte in aufrechter als auch in umgekehrter Lage, da die Umkehrung eher Ihre Ängste als äußere Energien widerspiegelt.

Einstimmung auf das Kartenlegen

EIN EIGENENER, DEM KARTENLEGEN gewidmeter Platz wird Ihnen helfen, mit Ihren Karten und der Energie der Liebe selbst in Verbindung zu treten. Alles, was Sie benötigen, ist ein ruhiger Ort, wo Sie ungestört sind, und eine flache Oberfläche, auf der Sie die Karten gut ausbreiten können.

Reinigen Sie die Atmosphäre, indem Sie alle Fotos von Geliebten oder Freunden wegräumen, die Sie nicht mehr sehen. Waschen Sie danach die Hände, um die alte Energie loszuwerden. Zünden Sie nun ein Räucherstäbchen an und reinigen Sie damit Ihre Aura, indem Sie es behutsam mit etwas Abstand zum Körper zuerst über Ihren Kopf und dann zu den Füßen hinabbewegen. Lassen Sie das Räucherstäbchen danach weiterbrennen oder machen Sie es aus, falls Sie andere Aromen verwenden.

Sie können dem Raum durch frische Blumen oder ätherische Öle einen verlockenden Duft verleihen. Es heißt, Venus selbst habe der Rose, einem Symbol der Liebe, ihren Namen gegeben. Neben anderen unzähligen wohltuenden Wirkungen lindert Rosenöl Wut, Schmerz und sogar einen Kater, in der Liebe hilft Rosenduft, ein gebrochenes Herz zu heilen, er beruhigt bei Streitereien in der Beziehung und wirkt sogar als Aphrodisiakum. Sie können drei Tropfen des Öls in eine Duftlampe oder in eine Schüssel warmen Wassers geben, die jedoch weit genug von Ihren Karten entfernt sein sollte. Oder Sie verwenden süßes, stimmungsaufhellendes Geranienöl, das Venus gewidmet ist. Es heißt, junge Frauen trugen damals Geranienblüten als Zeichen der Bereitschaft, umworben zu werden.

Sie könnten einen Rosenquartz auf Ihren Tisch stellen, da dieser mit dem Herzchakra mitschwingt. Und Sie könnten Bilder von Venus' Sohn Cupido oder von den Cheruben, Liebesboten, aufstellen. Der Kreis mit dem Kreuz, das Symbol für die Frau, ist Zeichen der Venus. Als ultimative Form des Weiblichen ist Venus selbst Symbol aller Frauen, daher bezieht sich jeder Gegenstand mit ihrem Zeichen auf ihre Erscheinung. Venus lässt sich in Gestalt der Kaiserin (Karte III), die Liebe und Fruchtbarkeit versinnbildlicht, finden. Ein kleiner Teil von ihr steckt auch in der Hohepriesterin (Karte II), die die Gaben der Intuition und übersinnlichen Empfindsamkeit besitzt. Um Ihrem Kartenlegen mehr Macht zu verleihen und sich davor auf Ihre Karten einzustimmen, können Sie sich einige Minuten in die Karten der Kaiserin und der Hohepriesterin versenken. Bitten Sie diese, Ihnen bei der Verbindung mit Ihrer Intuition und der Energie der Liebe zu helfen. Als Mann können Sie den Hohepriester (Karte V) kontemplieren und ihn um Übermittlung seiner Weisheit bitten.

Zünden Sie eine rosa Kerze an, um Ruhe und eine intime Stimmung zu vermitteln. Das Entzünden einer Kerze symbolisiert den Übergang in einen veränderten Bewusstseinszustand und verleiht dem Kartenlegen Ritualcharakter. Dies ist eine Botschaft für Sie selbst und das Universum, dass Sie gleich in Ihr Herz und in die Zukunft blicken wollen. Es ist die letzte Handlung vor dem Mischen der Karten und dem Beginn des Kartenlegens. Machen Sie die Kerze danach aus, um dem Ritual ein klares Ende zu setzen.

Das richtige Mischen der Karten

Mischen Sie zuerst alle Karten und heben Sie dann von diesem Stapel mit der linken Hand (der Hand des Schicksals) zweimal ab, sodass nun drei Stapel nebeneinander vor Ihnen liegen. Legen Sie den ersten Stapel auf den zweiten und diesen dann auf den dritten Stapel, sodass der unterste Stapel nun zuoberst liegt. Beginnen Sie beim Kartenlegen mit den obersten Karten.
Sie werden bemerken, dass bei einigen der auf den folgenden Seiten beschriebenen Legeweisen nicht dabeisteht, das Deck zu teilen. Folgen Sie dann einfach den Anweisungen der jeweiligen Legeweise.

Stimmen Sie sich beim Mischen auf das Gefühl der Liebe ein. Falls Sie Single sind und nach Liebe suchen, erinnern Sie sich an das Gefühl reiner Liebe aus einer früheren glücklichen Beziehung – stellen Sie sich vor, in die Vergangenheit zurückzugehen, um diese Empfindung wieder hervorzuholen, und bringen Sie diese in die Gegenwart und in Ihr Herz. Lassen Sie dieses Gefühl stärker werden und einen rosa Schimmer in Ihrem Herzen leuchten. Falls Sie einen Partner haben, visualisieren Sie diesen und fühlen Sie den Strom Ihrer Liebe. Achten Sie darauf, Ihren Geist ruhig und frei von Gedanken zu halten. Sie könnten dazu ein persönliches Gebet sprechen, das Ihnen dabei hilft, Ihre Konzentration zu halten, und sei es nur, dass Sie still oder laut eine Rezitation wiederholen, die ganz einfach folgendermaßen lauten könnte:
„Ich bitte Venus, mich in der Liebe zu leiten.“

1 Ein Liebesmärchen

Diese Legeweise besteht aus nur drei Karten und gibt schnellen Rat. Legen Sie die Karten 0 bis IX auf einen Stapel und die restlichen Karten auf einen zweiten Stapel. Sie mischen nun den ersten Stapel und denken dabei an Ihren derzeitigen oder gewünschten Partner. Legen Sie den Stapel verdeckt hin und nehmen Sie die erste Karte. Legen Sie diese links hin (siehe unten Karte 1). Drehen Sie sie um.

Mischen Sie den zweiten Stapel und denken Sie dabei an die Liebe. Nehmen Sie die zwei obersten Karten (Karte 2 und 3) und legen Sie diese verdeckt wie unten gezeigt hin. Decken Sie sie auf und deuten Sie sie wie angeführt.

Stapel 1
0–IX

Stapel 2
X–XXIV

1
Ihre momentane Lage

2
Was möglich oder nötig ist

3
Der Ausgang

Diese Karten erzählen Ihre Liebesgeschichte: Anfang, Mitte und Ausgang. Falls die Liebenden in der ersten Position erscheinen, müssen Sie eine wichtige Entscheidung in einer Beziehung treffen. Die Karten werden Sie dabei beraten und den wahrscheinlichen Ausgang vorhersagen, wenn Sie dem Rat folgen.

2 Den Partner erkennen

Hiermit können Sie Ihre intuitiven Kräfte verfeinern, um Ihren Partner zu erkennen und zu entdecken, wie die Liebe auf Sie zukommen könnte. Teilen Sie das Deck, indem Sie die Karten 0–IX auf einen und den Rest auf einen zweiten Stapel legen.

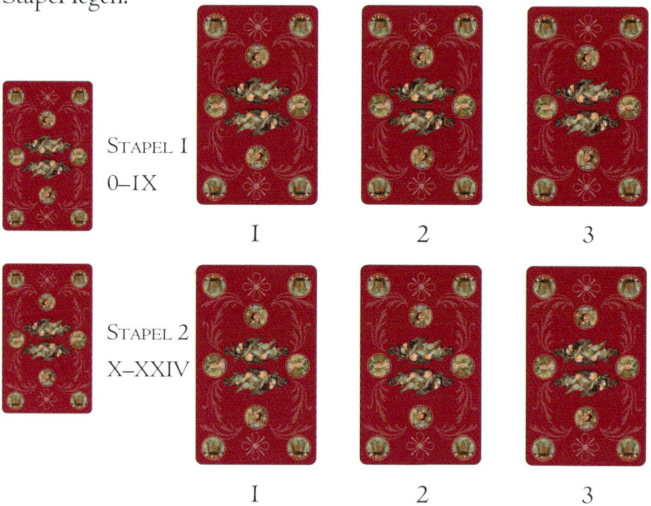

Karten 0–IX: Ihr Partner oder Ihre Liebes-situation

Karten X–XXIV: Verborgene Sachverhalte und Motive

Karte 1 oben	Ihr früherer Partner oder vergangene Liebessituation
Karte 2 oben	Ihr jetziger Partner oder gegenwärtige Liebessituation
Karte 3 oben	Ihr zukünftiger Partner oder künftige Liebessituation
Karte 1 unten	Lektionen, die aus der Vergangenheit gelernt wurden
Karte 2 unten	Ihre Leidenschaften oder Hoffnungen und Befürchtungen
Karte 3 unten	Ihre Reaktion auf den künftigen Partner oder eine neue Liebe

MISCHEN SIE DEN ERSTEN STAPEL (0–IX) in Gedanken an Ihre Liebessituation und legen Sie die drei obersten Karten wie unten hin. Nehmen Sie nun den zweiten Stapel (X–XXIV) und legen Sie jeweils eine Karte unter die schon hingelegten Karten. Diese Karten fungieren als Ihr innerer Spiegel und offenbaren Ihre innersten Gefühle hinsichtlich vergangener, jetziger und künftiger Partner. Decken Sie sie nun um und interpretieren Sie sie paarweise, bei den Karten I beginnend.

SITUATION

ZUM BEISPIEL: So könnte das Kartenlesen vor sich gehen, wenn Sie folgende Karten ziehen:

KARTE 1 GERECHTIGKEIT
KARTE 2 DER NARR
KARTE 3 DER EREMIT

KARTE 1 DIE WELT
KARTE 2 DER STERN
KARTE 3 HOFFNUNG

1

2

3

1

2

3

KARTE 1 OBEN UND KARTE 1 UNTEN: DIE VERGANGENHEIT

DER PARTNER oder die Liebessituation der Vergangenheit ist hier Gerechtigkeit, was auf ein Liebesurteil in der nahen Vergangenheit hindeutet. Das mag bedeuten, dass eine Beziehung oder eine Freundschaft ein Ende fand, da die Welt unten zeigt, dass die fragende Person erleichtert ist, dass eine ihrer Lebensphasen beendet wurde. Diese Karte zeigt auch, dass das Liebesurteil zu ihren Gunsten war und sie daher das Gefühl haben kann, ein Ziel erreicht zu haben.

KARTE 2 OBEN UND KARTE 2 UNTEN: DIE GEGENWART

DER NARR OFFENBART eine neue Richtung und zeigt Liebesbereitschaft an. In der Lebensgeschichte dieser Person zeigt er sich als spielerischer, kindlicher Mensch, mit dem sie Abenteuer genießen könnte, von dem sie jedoch nicht unbedingt ein ernsthaftes Einlassen auf die Beziehung erwarten kann. Unter dem Narren liegt der Stern, der ein Gefühl von Erregung und Inspiration andeutet. Obwohl die Reise der fragenden Person zu neuer Liebe eine gewisse Verwundbarkeit mit sich bringt, zeigt der Stern, dass sie erstrahlen wird.

KARTE 3 OBEN UND KARTE 3 UNTEN: DIE ZUKUNFT

DIE ZUKUNFT bringt eine Prüfung der Liebe und der Selbstliebe mit sich. Die fragende Person braucht Mut, um konsequent zu handeln und so mit ihren Gefühlen klarzukommen. Sie könnte auch Befürchtungen hinsichtlich der Liebe zeigen, Unter der Oberfläche ist die fragende Person jedoch stärker, als sie denkt. Die Hoffnung in dieser Position zeigt, dass die Liebe wieder in ihr Leben kommen wird. Sie soll nicht aufgeben, sondern sich von der Hoffnung und dem Eremiten inspirieren lassen, um weiter vorwärts zu gehen.

Wächst die Liebe in dir, dann wächst die Schönheit.
Denn die Liebe ist die Schönheit der Seele.

AUGUSTINUS

3 Lilien-Tarot: Wird die Liebe wachsen?

STAPEL 1
0-IX

STAPEL 2
X-XXIV

DIE BOURBONLILIE ist die Trinität aus Körper, Geist und Seele, aus deren Summe wahre Liebe erwachsen kann.

TEILEN SIE DAS DECK und mischen Sie die zwei Stapel: der erste von 0 bis IX, der zweite von X-XXIV. Legen Sie die ersten zwei Karten vom ersten und die Karten 3 bis 5 vom zweiten Stapel verdeckt vor sich hin.

DECKEN SIE die Karten auf. Die Karten 1 und 2 zeigen Ihre Lebenslage und wie Sie sich selbst nach außen geben. Sie formen Stamm und Kelch der Lilie, die Karten 3, 4 und 5 die Blätter, die die inneren Geheimnisse oder Werte zeigen. Karte 3 offenbart, was im Vergangenen verborgen ist, Karte 4 die besten Hoffnungen für die nächsten Wochen und Karte 5 den möglichen Ausgang oder was Ihr Herz spricht.

KARTE 1 SIE SELBST
KARTE 2 WEN ODER WAS SIE BEGEHREN ODER DER GRUND DES KONFLIKTES
KARTE 3 DAS BESTE, DAS SIE MOMENTAN ERLANGEN KÖNNEN
KARTE 4 WAS HINTER DER JETZIGEN SITUATION STEHT
KARTE 5 DER WAHRSCHEINLICHE AUSGANG

4 Stehen wir unter einem schlechten Stern?

Diese Legeweise ist hilfreich, wenn Sie sich in jemanden verliebt haben, der Lichtjahre von dem entfernt ist, was Sie sonst anzieht. Sie hilft Ihnen, verborgene Ängste und positive wie auch negative Einflüsse um Sie herum zu orten. Um herauszufinden, ob Ihre Verbindung kosmischer oder katastrophaler Natur ist, mischen Sie alle Liebeskarten wie auf Seite 30 beschrieben und legen diese verdeckt wie hier gezeigt auf. Drehen Sie diese nun um und interpretieren Sie deren Bedeutung wie beschrieben.

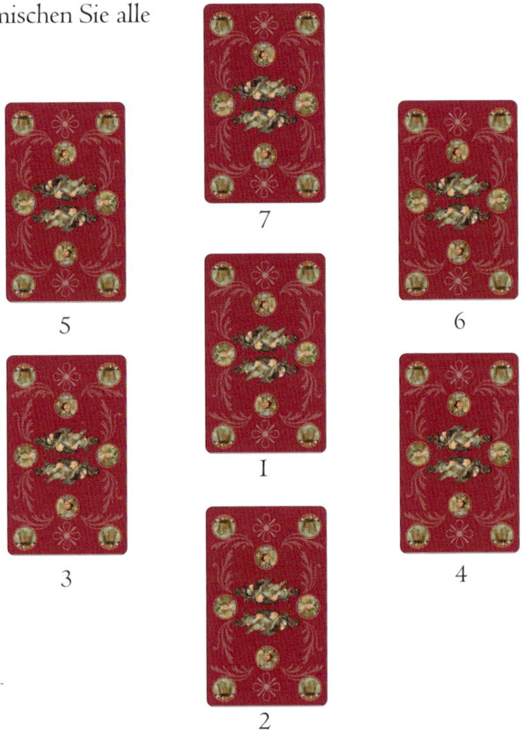

Karte 1 Der Kern der Sache

Karte 2 Das Jetzt

Karte 3 Die Vergangenheit

Karte 4 Ihre Ängste

Karte 5 Positive oder negative Einflüsse um Sie

Karte 6 Ihr nächster Schritt

Karte 7 Der Ausgang

5 Kommt mein Geliebter zurück?

Um herauszufinden, ob Ihr Geliebter wieder in Ihr Leben tritt, können Sie diese einfache Legeweise nützen. Sie zeigt, wer oder was Ihr Glück verhindern könnte, oder deckt auf, was Sie in einer Zeit des Übergangs trösten könnte.

Mischen Sie alle Karten wie auf Seite 30 beschrieben und legen Sie sie verdeckt wie unten gezeigt auf. Decken Sie die Karten nun auf und deuten Sie sie wie beschrieben. Falls die Karte der Hoffnung in der Position 3 oder 4 erscheint, ist es wahrscheinlich, dass Ihr Geliebter zurückkehrt. Liegt auf Position 3 oder 4 Glaube, dann bleibt Ihnen Ihr Geliebter treu.

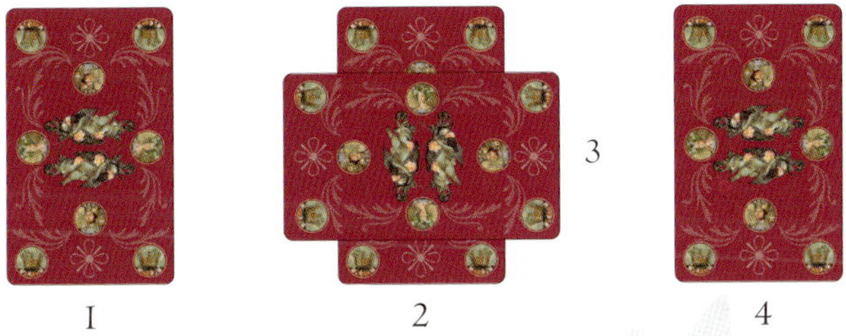

Karte 1 Die Vergangenheit

Karte 2 Die jetzige Situation

Karte 3 Was Ihnen widerstrebt oder Sie tröstet

Karte 4 Der Ausgang

**Die Liebe ist eine Frucht,
die immer Saison hat,
und jeder kann davon pflücken.**

Mutter Teresa

6 Der Weg der Liebe

Wie wird Ihre Beziehung oder Ihre Suche nach Liebe weitergehen? Was ist der Lauf der Liebe? Antwort darauf können Sie in diesem Weg der Liebe finden, der Sie die positiven und negativen Energien, die sich auf Ihr Liebespotenzial auswirken, erkennen lässt.

Mischen Sie die Karten wie auf Seite 30. Legen Sie sie verdeckt aus und deuten Sie sie beim Aufdecken gemäß der Anleitung.

Karte 1 Die Vergangenheit

Karte 2 Wie Sie in der Beziehung waren

Karte 3 Ihr gegenwärtiges Selbst

Karte 4 Das momentane Potenzial

Karte 5 Konflikte

Karte 6 Positive oder negative Einflüsse von aussen

Karte 7 Ihr nächster Schritt

Karte 8 Befürchtungen, die Sie blockieren könnten

Karte 9 Ihre Hoffnungen

Karte 10 Der Ausgang

7 Die Wahrheit: Fühlt er genauso?

Falls Sie in jemanden verliebt sind, den Sie kaum kennen, kann es schwierig sein, zu entscheiden, wie man weiter vorgeht. Oder Sie haben einen engen Freund des anderen Geschlechts und wollen mehr von ihm als eine platonische Beziehung – doch fühlt er genauso wie Sie? Diese Legeweise beruft sich auf die natürliche Urenergie der Liebe und ordnet die Karten den vier Elementen zu: Luft, Wasser, Feuer und Erde. Diese lassen sich in vier Maximen einteilen: Ich denke, ich fühle, ich wünsche, ich habe.

Mischen Sie die Karten (siehe Seite 30), während Sie Ihre Lage überdenken. Legen Sie die ersten fünf Karten in der angegebenen Reihenfolge vor sich hin und schreiben

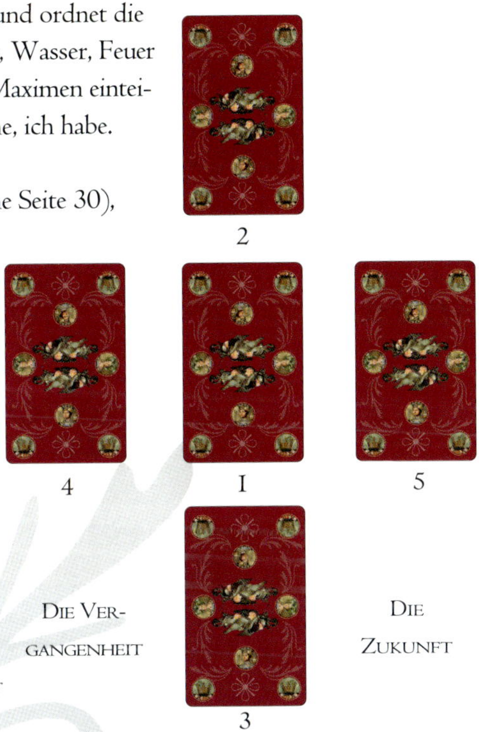

Karte 1 Was Sie haben: Ihre gegenwärtige Situation

Karte 2 Ihre Sehnsüchte: Was Sie leidenschaftlich wollen

Karte 3 Wie Sie wirklich fühlen: Ihre Intuition

Karte 4 Was Sie denken: Ihre Ideale und die Vergangenheit

Karte 5 Der zukünftige Ausgang

Sie sie auf, da Sie das ganze Deck noch einmal mischen müssen. Wiederholen Sie nun das Kartenlegen, während Sie sich vor Ihrem geistigen Auge die Person, in die Sie verliebt sind, vorstellen. Eine einfache Art, mit der Interpretation zu beginnen, ist es, von den Schlüsselworten der Karten auszugehen. Mit steigender Praxis können Sie auch die Feinheiten der Kartenbedeutungen einbeziehen. Hier ein Beispiel:

Karte 1 – Sie haben: Ihre gegenwärtige Situation

Diese Karte ist die Hoffnung. Die Person erhofft sich Liebe – die Schlüsselworte der Karte sind „Rückkehr der Liebe". Sie könnte gerade die Entscheidung getroffen haben, die Liebe aus irgendeinem Grund aufzugeben. Ihr könnte allerdings auch ihr Geliebter oder einfach eine Beziehung fehlen.

Karte 2 – Ihre Sehnsüchte: Was Sie begehren

Der Hohepriester symbolisiert Einheit, Ehe und Lernen. Die fragende Person will, dass ihr Leben sich verändert, sei es durch Lernen und einen inspirierten Mentor oder durch eine dauerhafte Beziehung.

Karte 3 – Wie Sie wirklich fühlen: Ihre Intuition

Der Mond ist Ihre Intuitionskarte: Er zeigt, dass Sie Ihre Intuition mehr denn je brauchen, besonders in dieser Situation, in der Sie aus der Ferne nach Liebe schmachten. Der Mond zeigt Ihre Unentschlossenheit in der Liebessituation.

Karte 4 – Was Sie denken: Ihre Ideale

Die Liebenden zeigen in dieser Lage, dass wahre Liebe zu den Idealen der Person zählt. Da die Karte auch in den Bereich der Vergangenheit ragt, zeigt sie, dass sie eine Entscheidung in der Liebe gefällt haben könnte, etwa in einer Beziehung zu bleiben oder sie zu beenden – oder zwischen zwei (potenziellen) Partnern zu wählen.

Karte 5 – Der zukünftige Ausgang

Diese Karte bezieht sich auf den Ausgang und die Zukunft. Es ist die Hohepriesterin, die Herrin der Geheimnisse. Sie werden bald etwas von Wert erfahren, doch jetzt liegt das Wissen über Ihren Geliebten noch im Verborgenen. Verlassen Sie sich wie beim Mond auf Ihre Intuition. Ihre Träume könnten Antworten liefern. Die Karte rät Ihnen zu warten. Warten Sie, bis Sie mehr wissen. Schärfen Sie inzwischen Ihre Sinne und nehmen Sie jedes Detail über den potenziellen Partner wahr, da sich ein Körnchen Weisheit auch in der trivialsten Konversation finden lassen könnte.

Sie können diese Legeweise auch für Ihr Liebespotenzial nutzen. Sie mischen und legen die Karten wie zuvor, deuten sie jedoch wie unten angeführt. Sie könnten eine/n Freund/in bitten, die Karten für Sie zu lesen, da eine andere Person unvoreingenommen ist und die Karten weniger nach Ihren Sehnsüchten auslegt.

Ihr Partner oder Liebespotenzial

Karte 1 Was er hat: Seine gegenwärtige Situation

Karte 2 Seine Sehnsüchte: Was er leidenschaftlich wünscht

Karte 3 Wie er wirklich fühlt: Seine Intuition

Karte 4 Was er denkt: seine Ideale und die Vergangenheit

Karte 5 Der zukünftige Ausgang

8 Liebesdreieck der Venus

Der Sage zufolge lebte Venus selbst in einem ständigen Liebesdreieck und Zustand voller Widersprüche, der vielen modernen Liebesdramen gleicht. Venus war die schönste Göttin und trotzdem mit dem hässlichsten Gott des Pantheon, dem lahmen Hephaistos, verheiratet. Wie vorherzusehen war, nahm sie sich einen Geliebten – Mars. Gemeinsam symbolisieren sie Liebe und Krieg, den Ausdruck der tiefsten Leidenschaften bei Liebeskonflikten.

Teilen Sie das Deck: Legen Sie die Karten 0–IX auf einen und X–XXIV auf einen anderen Stapel. Nehmen Sie die Karte der Liebenden aus dem ersten Stapel und mischen Sie die restlichen Karten. Legen Sie eine Karte links unter die Karte der Liebenden (siehe unten) und die zweite rechts davon. Mischen Sie den zweiten Stapel und legen Sie die dritte Karte direkt unter die Liebenden. Deuten Sie die Karten folgendermaßen:

Die Liebenden

Karten 1 und 2
Ihre Wahl in der Liebe

Karte 3
Der Ausgang

Die Karten 1 und 2 zeigen zwei Situationen oder Menschen in Ihrem Leben, die Unterschiedliches bieten. Das mag Konflikte aufwerfen, beide können jedoch verlockend scheinen. Karte 3 ist Ihr Ratgeber und legt eine mögliche Lösung oder Folge nahe.

1 3 2

9 Pure Lust oder wahre Liebe?

INTENSIVE VERLIEBTHEIT kann betörend sein, doch wird die Liebe lange brennen oder nur heiß aufflammen? Adrenalin-gesteuerte Affären verlieren ihre Faszination oft bald nach sinnlichen Anfangsritualen wie Essen, Cocktails, Geschenken und Sex. Diese Legeweise zeigt Ihnen, ob wahre Liebe dahintersteckt.

MISCHEN Sie (siehe Seite 30). Legen Sie die obersten sieben Karten verdeckt von links nach rechts vor sich hin. Falls die Kaiserin, Glaube, Hoffnung oder Liebe aufrecht erscheinen, ist die Antwort Liebe. Erscheinen Glaube, Hoffnung, Liebe oder der Magier umgekehrt oder der Teufel in jeder Form, dann ist die Antwort Lust. Falls keine dieser Karten dabei ist, dann legen Sie so viele Reihen, bis eine davon auftaucht.

1 2 3 4 5 6 7

1 2 3 4 5 6 7

10 Hat unsere Liebe noch eine Chance?

Vielleicht haben Sie sich gerade von einem Partner getrennt. Nun sind einige Wochen oder Monate vergangen und Sie fühlen sich einsam und unsicher bezüglich der Trennung. Diese Legeweise hilft Ihnen, herauszufinden, ob Sie wieder zusammenkommen werden, da die Liebe Sie verbindet, oder ob die Beziehung tatsächlich zu Ende ist. Probieren Sie diese Legeweise und auch „Ein Liebesmärchen" (Seite 31) oder „Liebeswahrheit" (Seite 39), um zu sehen, ob der andere so fühlt wie Sie.

Bei dieser Legeweise ziehen Sie die Karten mit Ihrem linken Ringfinger. Dieser Finger wird mit der Liebesgöttin Venus assoziiert und verbindet Sie mit Ihrem Geliebten durch seinen Ring, falls er Ihnen einen geschenkt hat und Sie ihn tragen oder eine Zeit getragen haben. Die linke Hand gilt als Schicksalshand.

Mischen Sie die Karten wie auf Seite 30 beschrieben und denken Sie dabei an Ihre Beziehung. Legen Sie alle Karten verdeckt im Fächer vor sich hin. Wählen Sie mit dem linken Ringfinger drei Karten davon aus und decken Sie diese auf.

1 2 3

Die Antwort auf die Erneuerung der Liebe ist „Ja“, falls zwei der folgenden Karten darunter sind: Glaube, H ffnung, Liebe, die Sonne, die Welt, die Kaiserin, der Stern, der Hohepriester oder das Gericht.

Modifikatoren der „Ja“-Karten

Falls Sie den Gehängten oder den Eremiten gezogen haben, könnte es sein, dass Sie warten müssen, bis die andere Person bereit ist, bevor Sie die Beziehung flicken können. Falls Stärke, Gerechtigkeit oder Mäßigkeit erscheinen, werden Sie Energie und Arbeit hineinstecken müssen, um die Probleme zu lösen.

Falls Sie die Hohepriesterin ziehen, könnte etwas vor Ihnen verborgen sein. Falls Sie die Liebenden ziehen, muss einer von Ihnen sich entscheiden, sich ernsthaft auf die Beziehung einzulassen.

0 Der Narr

LIEBESPOTENZIAL

DER NARR ist das Kind des Tarots, ein ideenreicher Träumer, der erfrischende Abenteuer verheißt. Da er mit dem unabhängigen Uranus in Verbindung steht, trägt der Narr kaum Besitz und keinen emotionalen Ballast mit sich. Die Federn in seinem Haar stehen für die Erfahrungslosigkeit, mit der er seine Reise, allein durch seinen Instinkt und Idealismus geleitet, beginnt. Die Zahl 0 heißt, dass der Narr nur für ein Potenzial steht. Er ist die Unschuld in menschlicher Gestalt und deutet einfach darauf hin, dass Sie für Liebe empfänglich sind.

IN AUFRECHTER LAGE

In einer Beziehung: Eine Beziehung in den Kinderschuhen. Verliebtheit bringt Unbeschwertheit. Geselligkeit und Freude mischen sich und muten wie die erste Liebe an. Genießen Sie lieber den Reiz des Neuen, als Zukunftspläne zu schmieden.

Auf Liebessuche: Eventuell träumen Sie gerade von der Liebe und möglicherweise kreuzt ein Liebhaber mit kindlichem Charme Ihren Weg. Sie könnten eine berauschende, doch kurzlebige Affäre erleben, da einer von Ihnen sich durch etwas oder jemand anderen noch stärker angezogen fühlt.

Egal in welcher Lage, der Narr verheißt eine entdeckungsreiche Zeit der Liebe.

UMGEKEHRTE BEDEUTUNG

IN UMGEKEHRTER LAGE

UMGEKEHRT STEHT DER NARR für einen Idioten. Er wird seine Wege ungeachtet jeglicher Gefahr oder Verantwortung gehen. Er ist zu unreif, um die Liebe zu genießen, obwohl seine Erscheinung Ihnen anfänglich anderes vorgaukelt.

0 Der Narr

I Der Magier

I Der Magier

Alchemie der Liebe

Der Magier ist ein Straßenzauberer, der die Welt zu seinen Füßen verwandelt. Das Sternzeichen der Karte ist Merkur, der mit Kommunikation verbunden ist. Er hat alle Werkzeuge des Erfolgs um sich: die Münze für Besitz, das Schwert für das Denken, den Kelch für Gefühl und einen Stab für Verlangen. Der Magier bringt Energie für neue Verliebtheit und das Potenzial mit sich, jeglicher noch so irdischen Beziehung Magie zu verleihen.

In aufrechter Lage

In einer Beziehung: Sie können Ihrer Liebe Magie verleihen, da Sie das Potenzial Ihrer Partnerschaft sehen. Sie verspüren Kameradschaft, Vertrauen und Leidenschaft für einander und diese Erkenntnis führt Sie auf einen neuen Lebensweg. Ob eine gemeinsame Weltreise oder Firma, Ihre Träume können Form annehmen.
Auf Liebessuche: Die Umstände sind perfekt, um einen neuen Partner zu treffen, da Sie durch gemeinsame Interessen einem wortgewandten, erfindungsreichen Lebenskünstler begegnen könnten. Sie könnten einem Freund über Nacht näherkommen.
Egal in welcher Lebenslage, lassen Sie Ihrer Kreativität freien Lauf.

Umgekehrte Bedeutung

In umgekehrter Lage

Vorsicht vor dem Schwindler oder Scharlatan. Hinterfragen Sie die Motive des Umwerbenden, falls alles zu gut um wahr zu sein scheint, besonders wenn die bezaubernde Attacke das Teilen von allem, auch von Geld, beinhaltet. Lassen Sie sich nicht von Wert durch Täuschung abluchsen.

II Die Hohepriesterin

Ein Liebesgeheimnis

Die Hohepriesterin steht mit dem Mond, dem Planeten des Unterbewussten, in Verbindung und verkörpert damit die heilige weibliche Spiritualität von Maria Magdalena und die geheimnisvolle Macht von Isis, der ägyptischen Gottin der Magie. Als die weise Frau des Tarots offenbart Sie ein Geheimnis der Liebe. Ihr Buch versinnbildlicht Weisheit, der Granatapfel ihren fruchtbaren Geist und das Lilienkreuz Reinheit. Die Hohepriesterin steht vor einem Schleier, was bedeutet, dass die Wahrheit über die Liebe verborgen liegt.

In aufrechter Lage

In einer Beziehung: Es ist Zeit, auf Ihre Intuition zu vertrauen, da das, was Sie über einen Geliebten wissen sollten, im Verborgenen liegen könnte. Mit Geduld und Umsicht werden Sie die Wahrheit, die Sie suchen, finden und eventuell ein Rätsel lösen. Eine Beziehung vertieft sich, sowohl romantisch als auch spirituell.

Auf Liebessuche: Während Sie auf die Liebe warten, könnten Sie sich plötzlich von einer rätselhaften Person, die Ihnen zuvor nie weiter aufgefallen ist, angezogen fühlen. Diese könnte ein Schlüssel zum Lernen und zur Inspiration sein, mehr Mentor als Geliebter.

Egal in welcher Situation, die Hohepriesterin zeigt Ihnen ein Geheimnis.

Umgekehrte Bedeutung

In umgekehrter Lage

Sie könnten irregeführt werden. Sie entdecken ein Geheimnis eines Partners oder Freundes, das Ihr Vertrauen zerstört. Eine Autoritätsfigur, ein Lehrer oder Guru, mag nicht das sein, was sie scheint.

II Die Hohepriesterin

III Die Kaiserin

III Die Kaiserin

FRUCHTBARKEIT UND FAMILIE

DIE KAISERIN ist der weibliche Archetyp oder die Urmutter. Sie ist Venus oder Aphrodite, die Göttin der Liebe, und Gaia, die Göttin der Erde. Alles Gute erwächst aus ihrer guten Absicht: Unter ihr befinden sich erntereife Ähren, was sie mit Demeter, der Kornmutter und Göttin der Liebe und Fruchtbarkeit, verbindet. Die Apfelblüten krönen sie zur Maikönigin. Die Äste in ihrem Haar symbolisieren die kommenden Generationen und ihre Apfel Fruchtbarkeit. Die Kaiserin ist die Partnerin des Kaisers (Karte IV).

IN AUFRECHTER LAGE

In einer Beziehung: Die Kaiserin bringt ein wertvolles Geschenk: aufrichtige Liebe und die Entwicklung einer Beziehung. Die Liebe zu Ihrem Partner wächst und damit auch die Bindung – eventuell auch durch eine Schwangerschaft.

Auf Liebessuche: Überall ist Liebespotenzial, Sie sollten wirklich danach Ausschau halten. Es ist auch der Zeitpunkt, erfüllende Beziehungen mit engen Freunden und Familienmitgliedern zu genießen.

Egal in welcher Situation, die Kaiserin bringt Liebe und Sicherheit.

UMGEKEHRTE BEDEUTUNG

IN UMGEKEHRTER LAGE

DIE GROSSHERZIGKEIT der umgekehrten Kaiserin ist oberflächlicher Natur und Herzen verhärten sich. Es mag zu Problemen im Sex oder zu Sex ohne Liebe kommen. Sie könnten die umgekehrte Kaiserin als Besitzgier erleben – oder buchstäblich als herrische Mutterfigur, die Ihnen in die Quere kommt.

IV Der Kaiser

STABILE LIEBE

Der Kaiser ist der Archetyp des Vaters, eine Autoritätsfigur, die als Familienoberhaupt fungiert. Er bringt Stabilität und Vernunft. Reichsapfel und Zepter symbolisieren seinen hohen Rang und sein Brustpanzer trägt den Adler, das Emblem von Vormundschaft und Schutz. Sein Sternzeichen ist der mächtige Widder, der vom Kriegsplaneten Mars regiert wird. Der Kaiser ist der Gegenpart zur Kaiserin (Karte III) und könnte daher für einen Partner oder Verwandten stehen.

In aufrechter Lage

In einer Beziehung: Falls Sie nach Sicherheit und Beständigkeit suchen, wird Ihre Partnerschaft blühen. Der Kaiser liebt Ordnung und Tradition. Aufregung und Überraschungen könnten auf seinem Tagesplan weit unten stehen, doch er wird hart daran arbeiten, Sie glücklich zu machen.

Auf Liebessuche: Jemand, den Sie beruflich oder in handwerklichen Dingen um Rat fragen, könnte Ihr Herz erwärmen. Sie könnten auch auf eine unterstützende Vaterfigur treffen, die Ihre Interessen schützt.

Egal in welcher Situation, der Kaiser bringt sachliches Handeln mit sich.

In umgekehrter Lage

Ein Verwandter oder eine andere Autoritätsperson, vielleicht sogar ein pedantischer Partner, versucht Sie zu dominieren. Das herrschsüchtige Verhalten des umgekehrten Kaisers verrät seine Unwilligkeit, sich auf vernünftige Weise mit Ihnen einzulassen. Die Karte kann auch andeuten, dass Sie sich verlieben, ohne vorher nachzudenken.

Umgekehrte Bedeutung

IV Der Kaiser

V Der Hohepriester

V Der Hohepriester

GÖTTLICHE VERMÄHLUNG

DER HOHEPRIESTER steht für den Papst oder einen anderen religiösen Führer. Er steht für spirituelle Herrschaft und Lehre, was seine Insignien, die Mitra und das Zepter, andeuten. Seine rechte Hand symbolisiert den Akt des Segnens. Er ist der Gegenpol der Hohepriesterin, deren Weisheit verborgen liegt, während das Wissen des Hohepriesters geteilt werden soll: Er ist Ihr Lehrer, Priester oder Guru. Er bringt göttliche Liebe und Wissen und vielleicht eine Heirat.

IN AUFRECHTER LAGE

In einer Beziehung: Falls Sie und Ihr Partner nicht verheiratetet sind, könnte der Hohepriester eine Heirat verheißen. Er strebt danach, den Menschen mit Gott zu vereinen und als Priester zwei Menschen vor Gott miteinander zu verbinden.
Auf Liebessuche: Sie könnten einem reiferen Mann begegnen, den Sie respektieren. Er könnte Sie in göttlicher Liebe unterweisen, sodass Sie, wenn Sie bereit dazu sind, Ihr Herz einem zukünftigen Partner öffnen können.

Egal in welcher Lebenslage, der Hohepriester verheißt eine Zeit spiritueller Entwicklung und Zusammengehörigkeit.

UMGEKEHRTE BEDEUTUNG

IN UMGEKEHRTER LAGE

DER UMGEKEHRTE HOHEPRIESTER bringt Konfusion mit sich. Sie ziehen sich von den anderen zurück, um sich zusammenzureimen, was Sie hören. Sie könnten sich herumkommandiert fühlen und unter der dogmatischen Haltung eines anderen leiden. Meiden Sie diesen Einfluss und lernen Sie, wieder an sich selbst zu glauben.

VI Die Liebenden

WAHRE LIEBE UND EINE ENTSCHEIDUNG

Die Liebenden stehen für wahre Liebe. Amor zielt mit seinem Pfeil auf ein irdisches Paradies, wo ein Liebespaar nackt beisammen steht. Dieses spiegelt Adam und Eva im Garten Eden wider, obwohl deren Liebe nicht von dieser Welt ist. Der Baum steht sowohl für den Baum der Erkenntnis als auch den Lebensbaum. Diese Dualität wird durch die Zwillinge, das Sternzeichen der Liebenden, ausgedrückt, die Schönheit, Liebe und eine Entscheidung verheißen.

In aufrechter Lage

In einer Beziehung: Sie können Ihre Verbundenheit mit Ihrem Partner vertiefen und wahres Glück erleben. Ihre Loyalität könnte jedoch durch Dritte gespalten werden: Ältere Verwandte könnten um Ihre Zuwendung ringen. Machen Sie sich und nicht andere glücklich und stellen Sie Ihre Beziehung in den Vordergrund.
Auf Liebessuche: Sie könnten einen Seelenverwandten treffen. Damit die Liebe blühen kann, müssen Sie jedoch die Vergangenheit hinter sich lassen – eventuell einen früheren Geliebten –, um die Liebe, die Sie brauchen und verdienen, zu erhalten.

Egal in welcher Lage, wahre Liebe bringt die Möglichkeit mit sich, Ihr Leben zu verändern.

Umgekehrte Bedeutung

In umgekehrter Lage

Sind die Liebenden verkehrt, dann verlässt Sie die Liebe. Dies könnte Betrug durch den Partner andeuten. Sie stoßen den Menschen, den Sie lieben oder die Liebe selbst zurück, da Sie zur Zeit denen, die Ihnen einst nahestanden, nicht vertrauen können.

VI Die Liebenden

VII Der Wagen

VII Der Wagen

BESTIMMENDE LEIDENSCHAFT

DER WAGEN demonstriert, dass wir von Verlangen getrieben werden können. Die Karte zeigt einen entschlossenen jungen Mann auf seiner Reise zur Liebe. Dies wird durch seinenTriumphwagen und zwei Pferde, ein helles und ein dunkles, die die Libido verkörpern, angedeutet. Seine Rüstung ist sein stählerner Wille, erfolgreich zu sein. Um auf dem Weg zu bleiben, muss er die Pferde straff am Zügel halten, was den Kampf, widerstreitende Gefühle zu meistern, andeutet.

IN AUFRECHTER LAGE

In einer Beziehung: Der Wagen betont die Sexualität und kann damit auf das Bedürfnis nach sexuellem Gleichklang mit Ihrem Partner hinweisen. Nehmen Sie sich aufrichtig Zeit, miteinander zu kommunizieren, um in Ihrer Beziehung voranzukommen. Ihr Hang zum Abenteuer könnte Sie auch auf eine gemeinsame Reise führen.

Auf Liebessuche: Es ist gerade die richtige Zeit, um handlungsfreudige Menschen zu treffen – vielleicht in Zusammenhang mit Reisen. Wenn sich die Ereignisse überschlagen, werden Sie sich erhöhter Energie und vielleicht einer leidenschaftlichen Begegnung erfreuen.

Egal in welcher Situtation, Sie kommen der Erfüllung eines Wunsches näher.

UMGEKEHRTE BEDEUTUNG

IN UMGEKEHRTER LAGE

ZÜGELN Sie Ihre Gefühle, statt ihnen freien Lauf zu lassen. Wie bei den Wagenpferden verhindert das Umherschweifen das Fortschreiten der Reise. Die Karte zeigt eine Verzögerung Ihrer Liebespläne oder die Begegnung mit einem arroganten Menschen an.

VIII Gerechtigkeit

EIN URTEIL IN SACHEN LIEBE

ALS EINE DER Kardinaltugenden verficht die auf der Karte dargestellte Fortuna Gerechtigkeit in der Liebe. Die römische Göttin Fortuna hält die Symbole der Rechtsprechung, die Waagschalen und das Schwert, hoch, welche gemeinsam Macht und Gesetz symbolisieren. Die für Ausgeglichenheit und Fairness stehende Waage ist auch ihr Sternzeichen. Fortuna bringt den Unschuldigen Gerechtigkeit. Ihnen verheißt sie einen Urteilsspruch in der Liebe.

IN AUFRECHTER LAGE

In einer Beziehung: Falls Ihnen in einer gerade beendeten Beziehung Misshandlung widerfahren ist, können Sie sich auf einen erfolgreichen Ausgang freuen, wie etwa eine angemessene Scheidungsregelung. Im weiteren Sinne werden Ihre früheren Handlungen als richtig bestätigt werden, vielleicht vor Gericht, doch sicherlich von jenen, die Ihnen am wichtigsten sind.

Auf Liebessuche: Falls Sie sich ständig mit neuen Partnern verabreden, um Intimität zu vermeiden, könnten Sie die Liebe verpassen, da Ihre Haltung als Desinteresse ausgelegt werden könnte. Es ist Zeit, Ihre wahren Gefühle zu zeigen.

Egal in welcher Situation, Sie werden in der Liebe fair beurteilt werden.

IN UMGEKEHRTER LAGE

ES MAG in diesem Fall zu einem Fehlurteil kommen, da unfaire Behandlung in der Liebe unbestraft bleibt. Ihr Fall erfährt wenig Unterstützung, sei es durch das Rechtssystem oder enge Freunde. Lassen Sie Ihre Enttäuschung nicht in Gegenbeschuldigungen ausarten.

UMGEKEHRTE BEDEUTUNG

VIII Gerechtigkeit

IX Der Eremit

IX Der Eremit

RÜCKZUG VON DER LIEBE

Der Eremit, der alte Weise des Tarots, zieht durch eine düstere Landschaft und kündigt eine Zeit des Rückzugs und der Heilung an. Als Gevatter Zeit trägt er ein Stundenglas, auch sein Alter weist auf das Vergehen der Zeit hin. Er hält einen Stab, um den sich eine Schlange, das Symbol der Weisheit, windet und so den Caducäus, ein altes Heilungssymbol, formt. Der Eremit verheißt den Rückzug von der Liebe, um Körper, Geist und Seele zu regenerieren.

In aufrechter Lage

In einer Beziehung: Der Eremit bringt Rückzug, doch wird er Sie nicht ewig aus einer liebevollen Beziehung reißen. Sie werden einige Zeit nach innen gekehrt sein und nach Selbstliebe streben, indem Sie Herz und Geist erforschen. Diese innere Reise könnte Blockaden auflösen, die der Innigkeit mit Ihrem Partner im Wege standen.
Auf Liebessuche: Falls Sie sich vor kurzem getrennt haben, zeigt der Eremit, dass Sie viel Zeit für sich zur Heilung brauchen, besonders in neuer, ungewohnter Umgebung. Sie reisen, mental oder real, um sich selbst zu finden.
Egal in welcher Lebenslage, nehmen Sie sich die Zeit, Ihre vergangenen und gegenwärtigen Verletzungen zu heilen.

Umgekehrte Bedeutung

In umgekehrter Lage

Umgekehrt prophezeit der Eremit Einsamkeit, doch Sie werden nicht zu lange allein bleiben. Sie könnten den Eremiten auch als Einzelgänger betrachten, der sich durch räumliche Distanz oder Vergeistigung vor Ihnen zurückzieht.

X Das Glücksrad

SCHICKSAL DER LIEBE

Das Rad symbolisiert das Schicksal und den Lauf des Universums. Das kosmische Rad ist die Erde selbst. Hier finden wir auch die vier heiligen Wesen der Offenbarung, die für die Evangelisten stehen: Engel, Adler, Löwe und Stier. Der obere Teil des Rades verheißt nicht nur Erfolg, sondern auch das Erstrahlen des vollen Bewusstseins, während die untere Hälfte für das Unbewusste steht. Wenn sich das Rad dreht, wendet sich das gesamte Schicksal.

In aufrechter Lage

In einer Beziehung: Rechnen Sie mit einer Veränderung Ihrer Gefühle. Dies ist eine günstige Karte, Sie kommen daher in eine extrem glückliche Beziehungsphase, da sich Familie, Beruf und Finanzen zum Besseren wenden. Ein Wink des Schicksals mag Sie auch Ihrem geliebten Menschen näherbringen.

Auf Liebessuche: Freuen Sie sich auf das Erscheinen eines potenziellen Liebespartners. Sie können aufatmen, vor allem, wenn Sie schon länger vergeblich auf der Suche nach Liebe waren. Achten Sie auf seltsame Zufälle, die um Sie herum passieren. Liebe ist vom Schicksal bestimmt.

Egal in welcher Situation, die Liebe wendet sich zum Besseren.

Umgekehrte Bedeutung

In umgekehrter Lage

Das umgedrehte Rad zeigt das nahe Ende einer Zeit der Unzufriedenheit, da Sie gerade den Tiefpunkt eines Zyklus durchwandern. Obwohl die Liebe gerade rar ist, werden Sie sich bald wieder aufraffen und glücklicheren Zeiten entgegengehen.

X Das Glücksrad

XI Stärke

XI Stärke

MUT ZUR LIEBE

STÄRKE, EINE KARDINALTUGEND, zeigt Mut in Gestalt einer Frau, die eine Steinsäule stützt, die droht, umzufallen. Der Löwe symbolisiert die unmittelbare Gefahr und stellt die Verbindung mit dem Sternzeichen der Karte her. Die Gelassenheit der Frau offenbart eine moralische Lehre: Geduld und Mut werden siegen. Ihre Entschlossenheit angesichts der Gefahr zeigt ihr Engagement in der Liebe.

IN AUFRECHTER LAGE

In einer Beziehung: Ihre Geduld könnte durch das sture Beharren Ihres Partners auf seinen Überzeugungen etwas überstrapaziert werden. Setzen Sie auf Zurückhaltung, statt sich mit dieser Leidenschaft zu messen, und hüten Sie sich vor Rachegelüsten. Die Karte kann auch auf einen inneren Konflikt hinweisen; Sie könnten zwischen zwei Handlungsweisen hin- und hergerissen sein.

Auf Liebessuche: Es könnte sein, dass Sie sich bei einer Affäre zurückhalten müssen, da diese Sie sonst überrollen könnte. Warten Sie lieber, statt sich einer Obsession hinzugeben. Sich mit Ihren Stärken und Schwächen anzufreunden, hilft Ihnen, Liebe zu finden.

Egal in welcher Situation, Geduld bringt Ihnen die Liebe, die Sie wollen.

UMGEKEHRTE BEDEUTUNG

IN UMGEKEHRTER LAGE

DER MUT zerbricht und bringt Unzufriedenheit, da Sie die Kontrolle über eine Situation verlieren und nicht darauf vertrauen können, dass Sie in der Lage sind, das Richtige zu tun. Blicken Sie dem Problem ins Auge und Ihre Enttäuschung könnte sich in Luft auflösen.

XII Der Gehängte

EINE EINSICHT IN DER LIEBE

DER GEHÄNGTE zeigt Ihnen eine alternative Sicht der Liebe. Seine Pose spiegelt jene des nordischen Gottes Odin wider, der neun Tage an der Weltesche kopfüber aufgehängt wurde, um die Gabe der Prophezeiung zu erlangen. Der Gehängte verkörpert auch die Kreuzigung und damit die Möglichkeit der Erlösung, was die Blätter und die kleinen grünen Knospen des Baumes andeuten. Er ermöglicht Erneuerung und eine Wende, da sich eine Liebessituation sprichwörtlich umkehrt.

IN AUFRECHTER LAGE

In einer Beziehung: Sie werden ein Problem aus einem ganz anderen Blickwinkel betrachten müssen. Dies kann bedeuten, einen Traum aufzugeben oder Ihre Beziehungserwartungen zu korrigieren. Sie könnten eine wertvolle Auszeit nehmen und emotionale Erholung bei Freunden und Familie finden.

Auf Liebessuche: Falls Sie gerade in einer Phase des Abwartens sind, dann können Sie in diesem Zustand verharren oder – positiver gesehen – Ihre Gefühle nützen, um Ihr spirituelles Selbst zu erkunden. Ihre Sicht der Liebe mag sich verbessern.

Egal in welcher Situation, auch wenn Sie das Gefühl haben, in der Luft zu hängen, Sie sind sicher. Sie werden rechtzeitig wissen, was zu tun ist.

UMGEKEHRTE BEDEUTUNG

IN UMGEKEHRTER LAGE

DIE KARTE kann auf eine Selbsttäuschung hinweisen. Sie könnten sich um Ihre eigenen Interessen betrügen, wenn Sie Ihrem Instinkt keine Beachtung schenken. Folgen Sie Ihrem Herzen, um in der Liebe nicht den Kürzeren zu ziehen.

XII Der Gehängte

XIII Tod

XIII Tod

ALTE LIEBE, NEUE LIEBE

DER TOD, hier als makaber-komisch anmutender Sensenmann dargestellt, steht für dramatische Veränderungen und weniger für körperlichen Tod. Das entsprechende Sternzeichen dieser Karte ist Skorpion, der mit Sex und Tod, Anfang und Ende, verbunden wird. Der Tod taucht aus dem Nebel eines Beziehungsschlachtfeldes auf. Seine Sense ist scharf, doch ist ihr Stiel ein wachsender Ast. Er schneidet damit die ausgedienten Liebesfäden ab, um Sie frei für Neues zu machen.

IN AUFRECHTER LAGE

In einer Beziehung: Eine Beziehung geht dem Ende zu. Wenn Sie jedoch die letzten Monate oder Jahre betrachten, könnten Sie entdecken, dass die Zeichen schon früher sichtbar waren. Dieser Niedergang ist vorbestimmt, da Sie nun bereit sind, in harmonischer Liebe mit jemandem zu leben, der Ihrer jetzigen Person gerecht wird und nicht jener, die Sie einmal gewesen sind.

Auf Liebessuche: Was Sie suchen, kommt bald von allein. Sie könnten um das Zerbrechen von Freundschaften trauern, doch die Leere lässt Raum für neue Leidenschaft. Sie werden sich zur rechten Zeit neu verlieben, in vielerlei Art.

Egal in welcher Situation, Sie könnten nun die Vergangenheit begraben.

UMGEKEHRTE BEDEUTUNG

IN UMGEKEHRTER LAGE

ANGST HÄLT Sie im emotionalen Würgegriff, Ihre Energie ist durch Vermeidungsstrategien fehlgeleitet. Wenn Sie die Verlustangst loslassen, erkennen Sie, dass Veränderung unvermeidbar ist. Es liegt an Ihnen zu kapitulieren, statt mehr Zeit in das Leugnen zu investieren.

XIV Mäßigkeit

AUSGEGLICHENHEIT

Die Mässigkeit ist eine Kardinaltugend im Tarot und rät zu Ausgeglichenheit und Vernunft in der Liebe. Ein geflügelter Engel steht an einem üppigen Flussufer. In völliger Ruhe schüttet er Wasser von einem Krug in den anderen, während ein Fuß das Wasser berührt und der andere auf der Erde ruht. Die Mäßigkeit offenbart die Notwendigkeit, den Details Aufmerksamkeit zuzuwenden und die Geduld eines Engels zu haben, um Ihr Liebeslieben harmonisch zu halten.

In aufrechter Lage

In einer Beziehung: Seien Sie achtsam, eine Situation könnte sonst zu einem Missverständnis führen. Falls eine Beziehung momentan eher unbeständig scheint, versuchen Sie, Ihre Gefühle nicht mit Ihnen durchgehen zu lassen. Halten Sie Ihr Gleichgewicht, indem Sie gleichermaßen auf Ihr Herz und Hirn hören.

Auf Liebessuche: In dieser Zeit sollten Sie Ihr Berufs- und Gesellschaftsleben genau planen, um sicherzugehen, keine Liebeschancen zu verpassen. Sie könnten sich auch mit jemandem versöhnen, der Ihnen nahe steht, oder sich selbst so manche Missetaten verzeihen und Schuldgefühle loslassen.

Egal in welcher Situation, mit Geduld und Sorgfalt meistern Sie Ihr Liebesleben.

Umgekehrte Bedeutung

In umgekehrter Lage

Die umgekehrte Mäßigkeit kann eine Flut an vergangenen Gefühlen bedeuten. Denken Sie daran, Sie bestehen nicht nur aus Ihrem Schmerz, sondern es macht Sie mehr aus – Ihre Intelligenz hilft Ihnen, voranzuschreiten.

XIV Mäßigkeit

XV Der Teufel

XV Der Teufel

VERFÜHRUNG

Der Teufel ist Pan, der griechische Gott der Ausschweifung, der hier als Chimäre erscheint, die Menschen verschlingt, um ihren Appetit zu stillen. Die Symbole des Teufels sind ein verkehrtes Pentagramm, ein Zeichen des Chaos, und die Ziege, ein Symbol Pans und des Steinbocks, der der Karte astrologisch zugeordnet ist. Der Teufel drückt das niedrigere Selbst aus, das mit dem Gewissen um Vorherrschaft kämpft. Der Teufel weist auf ein moralisches Problem hin: die Wahl zwischen Lust und Liebe, Besessenheit und Befreiung.

In aufrechter Lage

In einer Beziehung: Der Teufel könnte auf eine geheime Affäre oder Obsession hindeuten. Sie könnten an eine Liebesfantasie gekettet sein, während Ihre Verbindung in Wahrheit nur auf Lust basiert. Wider Ihr Gewissen, sind Sie ernsthaft versucht, sich einfach dem Genuss hinzugeben.

Auf Liebessuche: Falls Sie mehr auf erregende Zerstreuung als auf Liebe aus sind, dann rebellieren Sie momentan vielleicht nur gegen Ihre übliche Haltung und lassen sich von dunklem Reiz verlocken. Sie wissen, dass er böse ist, doch Sie müssen ihn haben. Bleiben Sie standhaft oder ihm fern.

Egal in welcher Situation, Sie werden verlockt.

In umgekehrter Lage

Eine manipulative Person könnte auftauchen und Sie beeinflussen. Es ist unwahrscheinlich, dass dieser Ihr Wohl am Herzen liegt. Stählen Sie Ihr Selbst gegen deren Überredungskünste.

Umgekehrte Bedeutung

XVI Der Turm

ZUSAMMENBRUCH

Der zusammenbrechende Turm ist der biblische Turm zu Babel, der eine Katastrophe – einen Gottesakt – verheißt. Der Turm versinnbildlicht auch das Ego, welches angesichts der größeren Kräfte der Natur, über die es keine Macht hat, zusammenbricht. Der Turm reinigt die Vergangenheit mit Blitzen und Feuer – aus seiner Asche entspringt neues Leben. Der Turm bringt ein plötzliches Desaster, welchem Regeneration folgt.

In aufrechter Lage

In einer Beziehung: Eine Langzeitbeziehung gerät unter Beschuss und könnte zerbrechen, doch es gibt wenig, was Sie tun können. Wenn der Schock weicht, könnten Sie sogar erleichtert sein, da Sie erkennen, dass göttliche Logik am Werk war.

Auf Liebessuche: Ihre persönlichen Werte könnten angegriffen werden und Sie erkennen, dass Ihr Lebensstil nicht länger aufrechtzuerhalten ist. Das ist ein Schlag für Ihr Ego. Sie werden jedoch aus der Erfahrung lernen und einen Weg finden, sich der Liebe ohne Schutzwall zu nähern.

Egal in welcher Situation, der Turm bringt einen Zusammenbruch mit sich, der Ihre Liebeserfahrung revolutionieren könnte.

Umgekehrte Bedeutung

In umgekehrter Lage

Es geht um ein vermeidbares Desaster. Eine Beziehung ohne Basis löst sich auf, daher kommt der Einfluss des Turms nicht ganz unerwartet. Vielleicht müssen Sie dafür die Verantwortung übernehmen, doch verscheuchen Sie die Schuldgefühle, ehe sie destruktiv werden.

XVI Der Turm

XVII Der Stern

XVII Der Stern

INSPIRIERTE LIEBE

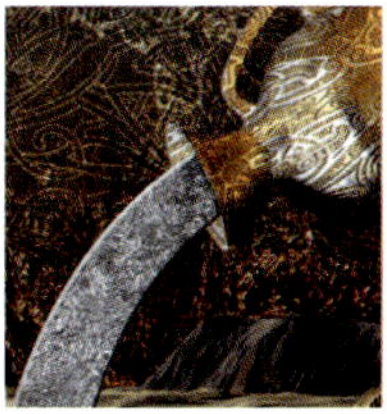

Der Stern steht für Führung und Inspiration. Er wird mit dem Sternzeichen Wassermann, dem Wasserträger, assoziiert. Aus zwei Krügen fließt Wasser in einen Teich und auf fruchtbaren Boden. Das Wasser erfrischt den Teich, der die unbewusste Weisheit symbolisiert, und bewässert die Erde in der Hoffnung, dass Leben gedeihen wird. Der achtzackige Stern voll himmlischen Versprechens ist ein Symbol der Reinheit und Erneuerung.

In aufrechter Lage

In einer Beziehung: Der Stern leuchtet über Ihnen und Ihrem Partner, da Sie eine Zeit des Glücks genießen und Ihre Beziehung gedeiht. Sie können für einander selbstlos sorgen und die Energie fließt ungehindert. Es ist auch eine Zeit der heiteren Gelassenheit, die eventuell ein besonderes Geschenk mit sich bringt.

Auf Liebessuche: Sie tragen Hoffnung. Jemand, den Sie nur von fern kennen, inspiriert Sie mit Liebe, die Sie in eine neue Beziehung und erfüllende, kreative Arbeit führt. Ihr Stern könnte auch ein Mentor sein, der Ihre Spiritualität neu entfacht.

Egal in welcher Situation, der Stern führt Sie zu großem Erfolg.

Umgekehrte Bedeutung

In umgekehrter Lage

Sie könnten unter geringem Selbstwertgefühl leiden, da Sie Zeit und Energie verschwenden. Sie müssen den Sternenhimmel verlassen und zurück auf die Erde kommen, wenn Ihre Pläne in Liebe und Beruf gelingen sollen. Der Stern könnte auch auf einen reizvollen, doch unverlässlichen Träumer deuten, der sich nicht fix einlassen will.

XVIII Der Mond

UNENTSCHLOSSENHEIT

Der Mond, der Flut und Ebbe regiert, drückt das Auf und Ab der Gefühle aus, was durch das trügerisch stille Gewässer, in dem sich der Mond spiegelt, dargestellt wird. Zwei Türme und zwei Hunde begrenzen die innere Seelenlandschaft, die durch einen einsamen Krebs, der halb im Wasser, halb am Land steht, verkörpert wird. Der Mond wirft Licht auf Unentschlossenheit und enthüllt verborgene Ängste in der Liebe.

In aufrechter Lage

In einer Beziehung: Der Mond deckt eine Glaubenskrise auf, in der Sie Ihre tieferen Gefühle für Ihren Partner erforschen. Sie vermeiden vielleicht, über eine schmerzliche Angelegenheit zu sprechen, da Sie wissen, dass Sie so das Ende Ihrer Beziehung heraufbeschwören könnten. Schärfen Sie Ihren Instinkt und lassen Sie besser eine Verletzung oder Trauer hochkommen, statt sich in Sorgen zu ergehen.

Auf Liebessuche: Es ist eine unsichere Zeit, in der Sie insgeheim Ihre Motive hinterfragen. Sie wissen, was Sie tun müssten, um Liebe zu finden, hoffen jedoch, die Liebe werde ohne Mühe auf Sie zukommen. Gehen Sie ein Risiko ein.

Egal in welcher Situation, folgen Sie Ihrer Intuition und schenken Sie Ihren Träumen Beachtung.

Umgekehrte Bedeutung

In umgekehrter Lage

Hier enthüllt der Mond Selbsttäuschung, eine verzerrte Sicht auf eine Beziehung, die Sie im Angesicht der Krise untätig lässt. Wenn Sie so weitermachen, laufen Sie Gefahr, Ihre Bedürfnisse zu vergessen.

XVIII Der Mond

XIX Die Sonne

XIX Die Sonne

Erfolg und Kinder

Die Sonne verkündet eine glückliche Zeit gemeinsam mit Ihren Lieben. Die Sonnenblumen symbolisieren Wachstum und die Gartenmauer Schutz vor der Welt. Dieses Paradies ist ein Heiligtum der Unschuld, wo Kinder spielen und Ideen sich fruchtbar entfalten können. Das Element der Sonne ist Feuer, das Sie mit Wärme und Licht umgibt und Ihnen Stärke und Erfolg bringt.

In aufrechter Lage

In einer Beziehung: Freuen Sie sich auf den Zauber der Sonne: eine Zeit des verdienten Erfolgs, die Sie in sorgenfreie Unschuld zurückversetzt und Ihre Jugend wiederentdecken lässt. Diese Zeit der Innigkeit und Familie könnte Ihnen wie die Erholung von einer Krankheit oder eine Pause von den Anliegen anderer vorkommen.
Auf Liebessuche: Die Sonne ist eine günstige Karte, um neue Beziehungen zu knüpfen. Vielleicht kommen auch Kinder in Ihr Leben. Soziale Kontakte und Einladungen halten Sie bei Laune.
Egal in welcher Situation, die Sonne bringt Ihre Kreativität und Liebe zum Wachsen.

In umgekehrter Lage

Sie können sich gut vorstellen, was Sie wollen, allerdings ist es gerade nicht greifbar. Die umgekehrte Sonne zeigt Verzögerungen bei Reiseplänen und sozialen Belangen an. Akzeptieren Sie, was außerhalb Ihrer Kontrolle liegt, statt der Frustration nachzugeben. Ein Liebhaber könnte sich etwas zurückziehen, doch die Liebe wird wieder entfachen. Haben Sie Geduld.

Umgekehrte Bedeutung

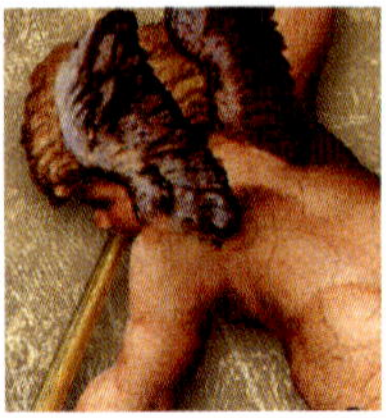

XX Das Gericht

DIE LIEBE ERKENNEN

DAS GERICHT verlangt von Ihnen, vergangene und jetzige Beziehungen zu bewerten und sich selbst in der Liebe zu beurteilen. Die Engel verkünden mit ihren Posaunen das Jüngste Gericht, wo alle Seelen zur Rechenschaft gezogen werden. Die zwei göttlichen Figuren spiegeln jene zwei, die aus ihren Gräbern erwachen und verkörpern so das alchemistische Edikt „Wie unten, so oben". Das Gericht, auch manchmal Ruhm genannt, verheißt eine Zeit für Selbstbestätigung, in der Sie sich gut fühlen, da Sie erkennen, was Sie alles erreicht haben.

IN AUFRECHTER LAGE

In einer Beziehung: Der Rückblick auf Ihre jetzige Beziehung macht Sie zufrieden, da Sie erkennen, dass Sie die richtigen Entscheidungen in der Liebe getroffen haben. Diese Wertschätzung Ihrer gemeinsamen Zeit stärkt eine Bindung.

Auf Liebessuche: Das Gericht bringt Anfänge und Abschlüsse und damit zweite Chancen und Neubeginn in der Liebe. Aus einer Freundschaft könnte Liebe werden oder ein früherer Partner könnte wieder in Ihr Leben treten.

Egal in welcher Situation, das Gericht bringt wahre Wertschätzung der Liebe.

IN UMGEKEHRTER LAGE

EVENTUELL MÜSSEN Sie ein starkes Gefühl aus der Vergangenheit, so wie Schuld oder Wut, loslassen, bevor Sie weitergehen können. Sie könnten durch Treffen mit einem früheren Partner oder durch geistige Auseinandersetzung mit Ihren tieferen Gefühlen frühere Beziehungen aufarbeiten. Beurteilen Sie sich nicht zu streng.

UMGEKEHRTE BEDEUTUNG

XX Das Gericht

XXI Die Welt

XXI Die Welt

UNIVERSELLE LIEBE

DIE KARTE zeigt eine Tänzerin, die von einer ovalen Girlande, der Mandorla oder dem kosmischen Ei umgeben ist. Dies bedeutet den Himmel auf Erden. Wie die niemals enden wollende Liebe symbolisiert das Ei Vollkommenheit und neues Leben. In den vier Ecken befinden sich die Ikonen der christlichen Evangelisten, Engel, Adler, Löwe und Stier, die Schutz verheißen. Die Karte der Welt prophezeit glückliche Ausgänge, dauerhafte Liebe und tiefe Wertschätzung von jenen, die Ihnen am Herzen liegen.

IN AUFRECHTER LAGE

In einer Beziehung: Es ist der Moment, die Liebe zu feiern und Ihr Glück mit Freunden und Familie zu teilen. Eine Hochzeit oder ein Jubiläum zeigen, wie andere Ihre Partnerschaft anerkennen und unterstützen. Im weiteren Sinne könnten Sie mit Ihrer Liebe auf Abenteuersuche gehen und ein begehrtes Ziel erreichen.
Auf Liebessuche: Die Welt bietet Expeditionen. Sie sind bereit, weiter in die Welt hinauszuziehen und Ihre Grenzen durch Reisen, das Erforschen von alten und neuen Beziehungen und eventuell durch spirituelle Arbeit zu erweitern. Davor könnten Sie ein besonderes Geschenk erhalten.
Egal in welcher Situation, Sie finden universelle Liebe.

UMGEKEHRTE BEDEUTUNG

IN UMGEKEHRTER LAGE

SIE KÖNNTEN sich vor der Liebe verstecken oder die Notwendigkeit der Trennung leugnen. Öffnen Sie sich dem Wandel und den Chancen, die Sie verdienen, statt in Nostalgie und Lethargie zu schwelgen.

XXII Glaube

TREUE

Glaube ist, neben Hoffnung und Liebe, die erste theologische Tugend. Die Verkörperung des Glaubens betont die Wichtigkeit spiritueller und romantischer Hingabe. In ihrer linken Hand hält sie ein Kreuz, Symbol ihres Glaubens; in ihrer rechten einen Kelch, Zeichen ihrer Weiblichkeit und Emotion. Ein Hund wartet treu an ihrer Seite – er steht für dauerhafte Treue. Die Karte bedeutet Glaube an die Liebe und Treue in Liebe und Freundschaft.

In aufrechter Lage

In einer Beziehung: Sie könnten Ihre Beziehung neu bewerten müssen, vor allem, wenn Treue bzw. mangelnde Treue letzthin zur Diskussion stand. Die Karte Glaube verheißt jedoch einen positiven Ausgang und eventuell eine festere Bindung durch eine Heirat oder eine gemeinsame Wohnung. Sie könnten auch Zeichen der Liebe austauschen, um dem Glauben aneinander Ausdruck zu verleihen.

Auf Liebessuche: Sie haben vielleicht schon lange den Glauben aufgegeben, den Richtigen zu finden, doch es gibt jemanden da draußen, der genau zu Ihnen passt. Ein gütiger Mensch gibt Ihnen den Glauben an sich und andere wieder.

Egal in welcher Situation, Glaube und Treue geben Grund zum Feiern.

Umgekehrte Bedeutung

In umgekehrter Lage

Umgekehrter Glaube deckt Untreue auf. Einer von Ihnen ist untreu und das erschüttert Ihren Glauben an die monogame Liebe. Sie könnten Ihre Partnerwahl hinterfragen oder sich durch einen Freund betrogen fühlen, der Ihnen gerade jetzt nicht hilft.

XXII Glaube

XXIII Hoffnung

XXIII Hoffnung

RÜCKKEHR DER LIEBE

Hoffnung, die zweite theologische Tugend, zeigt, dass Liebe vorhanden ist. Es ist eine Karte des Strebens und der Inspiration. Dies deutet die zum Greifen nahe, in der Luft schwebende Krone an. Doch der Anker besagt, dass Hoffnung in der Wirklichkeit fußt. Tavernen wurden „Hoffnung und Anker“ genannt, da die Matrosen hofften, dorthin zurückzukehren, wenn ihre Schiffe in See stachen. Diese Karte zeigt reale Hoffnung auf eine Rückkehr der Liebe an.

In aufrechter Lage

In einer Beziehung: Hoffnung verkündet eine Zeit voll Potenzial und Erneuerung. Egal welche Proben Sie überstehen mussten oder wie nahe Ihre Beziehung am Zerbrechen war, verlieren Sie nicht den Glauben. Diese Karte zeigt, dass Sie beide, unabhängig von alten Beziehungsmustern, eine neue Liebeschance bekommen.

Auf Liebessuche: Sie spüren, dass Liebe in der Luft liegt und dass Sie eine Aura der Anziehung umgibt. Es ist eine magische und erholsame Zeit, während der Sie die Chance haben, in der Liebe neu zu beginnen und alte Erinnerungen, die für Ihr Leben nicht mehr relevant sind, hinter sich zu lassen.

Egal in welcher Situation, Ihre Gebete werden erhört werden.

In umgekehrter Lage

Umgekehrte Bedeutung

Hoffen Sie nicht zu stark auf den Bestand einer Beziehung oder die Bindung eines möglichen Partners. Seien Sie ehrlich zu sich, statt eine Situation zu idealisieren, die wenig Hoffnung auf wahre Liebe verheißt. Passen Sie auf Ihr Herz auf.

XXIV Liebe

BEDINGUNGSLOSE LIEBE

Die dritte theologische Tugend der Liebe im Sinn von Nächstenliebe öffnet ihr Kleid mit der linken Hand, um ein flammendes Herz, ein Symbol der Leidenschaft, das sich in Darstellungen der Liebesgöttinnen Aphrodite und Venus finden lässt, zu enthüllen. Mit ihrer rechten Hand vollführt sie eine Geste des Gebens. Neben ihr wacht ein Pelikan stolz über ein goldenes Ei. Dies symbolisiert, dass Familien und Gemeinschaften durch Großzügigkeit genährt werden. Diese Karte prophezeit Ihnen eine Liebe, auf die Sie sich verlassen können.

In aufrechter Lage

In einer Beziehung: Sie teilen große Liebe und Leidenschaft, was andere, besonders Freunde und Familie, glücklich macht. Die Karte steht auch für vollentwickelte Liebe und weist auf eine Langzeitbeziehung zwischen zwei reiferen Menschen hin.
Auf Liebessuche: Die Liebe könnte einen alten Verehrer oder einen reiferen Menschen hereinhuschen lassen. Sollte er Ihnen ein Geschenk machen, ist dies wohl eher als Zeichen ernsthafter Liebe denn als pures Eindruckschinden zu sehen.

Egal in welcher Situation, Sie werden für das geliebt, was Sie sind, und können anderen bedingungslose Liebe entgegenbringen.

Umgekehrte Bedeutung

In umgekehrter Lage

Die Leidenschaft in einer Beziehung flaut ab. Die Art der Verbindung zu jemandem ändert sich. Vielleicht verbergen Sie etwas von sich oder treten in Konkurrenz mit einer engen Freundschaft oder Liebe. Ihre Beziehung ist bestenfalls halbherziger Natur.

XXIV Liebe

Dank

Ich danke Oliver Burston für seine wundervollen Bilder, David Fordham für sein kreatives Design, Cindy Richards, meiner Herausgeberin und Freundin, für ihre Unterstützung und Claire, Georgina, Nick und David von Cico Books für ihre Hilfe.